リバティプリント
LIBERTY PRINT
新しいクチュール

阿部真理
mari abe (ma・rerura)

はじめに

この本を手に取っていただいたのは、
私と同様に、リバティプリントが大好きなかただと想像いたします。

私はファッションデザイナーとして、また、いちリバティプリントファンとしても、
毎シーズン目を見張るようなテーマ性とハイセンスなファッション性を兼ね備えた
リバティプリントのシーズナルコレクションに夢中です。
どの季節にも着ることができる服や小物をモードとして作り、
発表することに情熱を傾け、この十数年を駆け抜けてきました。

現在もリバティプリントを使い、全国のギャラリーや百貨店で
年に3回のコレクションを発表しています。
豊かな自然の残る群馬県前橋市の赤城山の麓にアトリエ＆ショップを構え、
リバティプリントを使った服を一日で完成させる1dayワークショップや
各自好きなものを作るハンドメイドクラス、大好きな花や植物のアレンジメント、
料理やアートなど、ライフスタイルを提案するイベントなども行なっています。

私自身、一年中リバティプリントを着ていたいが故に
突然降りてきたイメージを、なんとかかたちにしようと製作したリバーシブルの服。
また、柄と柄を組み合わせることでさらに輝きを増す相乗効果。
この素晴らしい質感ゆえに叶ういろいろなことなど、
いいことずくめのリバティプリントの新しい可能性をずっと考え続けてきました。

今まであまり紹介されていない、リバティプリントの新しい魅力を、
ごいっしょに楽しんでいただけたら、とてもうれしいです。

阿部真理

Contents

娘のために作ったコート。
裏側はタンポポ柄のタナローンで

私のリバティプリントストーリー

リバティプリントとの再会 ‥‥‥‥‥‥‥‥‥‥‥‥‥‥‥‥‥‥‥‥‥‥‥‥‥‥‥‥‥‥‥‥‥‥‥

今から十数年前、文化服装学院の学生時代によく通った吉祥寺の生地屋さんを久しぶりに訪ねたところ、何とも言えない愛らしいタンポポ柄のリバティプリントに目が釘づけになりました。一目ぼれして目的もないまま買い求め、やはりリバティプリントは素晴らしいなあと、タナローンの滑らかな質感を指で撫でていました。

そんな折、ちょうど小学校に上がる娘のよそ行きのコート用に用意した、紺のフラノ生地の裏地にちょうどいいかもと思いついたのが、その後につながるリバティプリントとのご縁の始まりだったのかもしれません。その時より数十年さかのぼる高校生の時、買ってもらったリバティプリント生地のパジャマとの初めての出会い以来の。

偶然同じころ、地元のリバティプリントを取り扱っていた生地屋さんが閉店されることになったと聞き、訪ねることになりました。

そこにはかなりの豊富な種類の柄があり、それがセール価格になっていました。いつもなら何でも即決の私が、久しぶりに見るリバティプリントの素晴らしさに何度見返しても選べず困り果ててしまったのです。すると同行していた夫に、「全部買っちゃえば」と言われ、莫大な量のリバティプリントをすべて購入してしまいました。どう使うか、何も決めずに……。

それがリバティプリントとの長いランデブーの始まりでした。

リバティプリントに魅かれるわけ ‥‥‥‥‥‥‥‥‥‥‥‥‥‥‥‥‥‥‥‥‥‥‥‥‥‥‥‥‥‥‥‥

◉ まず本物であるということ

150年近い歴史に裏打ちされた莫大な量のアーカイブコレクションが受け継がれていること、トレンドをリードする洗練された美しい柄、シーズンごとに期待を裏切ることなくプレゼンテーションされるテーマ性とストーリー性。そのクオリティの高さをつねにリスペクトしています。

◉ 薄くしなやかで丈夫な素材

〝タナローン〟は、たて糸が70番手、よこ糸が100番手という高密度なローンであるため、しなやかで強度がある素材です。この薄さゆえに様々な工夫ができるのです。綿100％の素材としては、最高級なクオリティであるということは、安心して服を作ることができるということです。経年劣化しにくいので、私自身の着用でも10年以上前に作ったトレンチコートが毎年活躍してくれています。もともとしわになりにくい素材ですが、リバーシブルにするとさらにしわになりにくいものとなり、透けることなく安心して着用できます。芯をはらないリバーシブル、薄手の芯をはったリバーシブル、厚手の芯をはったリバーシブル、中わたを入れたリバーシブル、それぞれ風合いが全く異なります。そこから、様々なシーズンに対応した、バラエティ豊かなリバティプリントが作れるのです。

◉ 柄がとにかく豊富なこと

リバティプリントは一柄でも充分美しいものですが、豊富な柄の中から組み合わせるとさらに美しく、楽しいハーモニーを奏で始めます。それは、一柄よりもさらにディープでオリジナリティの高いものとなるのです。その柄の豊富さゆえに、無限大とも思える組合せが可能です。

ちょっとしたコツさえつかめば、その組合せを考えることは、とても興味深く楽しいものです。

初めて作ったトレンチコート。毎シーズン活躍中

リバティプリント、柄の合せ方のヒント

◎ テーマを合わせる

クラシックな印象の柄（アールヌーヴォーなど）、デジタルプリントのような現代的な柄、精密であったりラフであったりする柄のディテールを合わせること。さらに、縁どりなどで柄を組み合わせる場合、幾何学的なものや同系色の濃淡など無地ライクな柄を加えると違和感がありません。

◎ カラーパレットを合わせる

使用している生地のベースの色を合わせます（特に白の色合いは、生成りと合わせると違和感があります）。また、使用しているカラーの中の1色や色合いが同じ系統のもの、または同じ色の濃淡を選ぶと、違和感なく組合せができます。

◎ 同じ柄の色違い

大抵、一柄に4～5色のカラーバリエーションがあるリバティプリント。そのカラーパレットは、数色の共通色があります。その色の合うものを組み合わせても違和感ありません。

◎ 主役級の柄は一人芝居を

テーマやカラーを合わせても、他との組合せが難しい柄もあります。その場合は、あえて組み合わせず、もし合わせるとしても無地ライクな柄がおすすめです。

◎ 一部の色を関連づける

遠目で見てみるとその主張しているメインの色が見えてきます。そのメインの色を使った、ほかの柄もよく合うものを見つけられます。

リバーシブルで成功する方法

◎ 同じタナローンを合わせる

生地の地の目を縦に使用すると、伸びが出ることは、ほとんどありません。時間が経過して万が一、生地の伸びがあっても、最小限の誤差で済みます。

◎ 双方に同じ芯をはる

接着芯をはり、生地の厚さを出して使う際は、両方に同じ芯をはり、条件を合わせます。

◎ 無地の異素材と合わせる場合、リバティプリントと合う色を選ぶ

無地などほかの生地と組み合わせる場合、誤差が出ないとは言い切れません。それを見越して、経年で無地がもしリバティプリント側にはみ出して見えてしまってもトリミングのように見える色を選んで組み合わせておくと安心です。

リバティプリント、私の楽しみ方

発色がよく、細部まで手を抜くことなく描かれているリバティプリントは、どんな小さな端切れになっても自分を主張します。貴重な生地は、捨てることなく使います。はぎ合わせてポーチにしたりバッグにしたりは当たり前ですが、打込みがしっかりしている薄手の生地ならではのいろいろな使い方ができます。

カルトナージュ風に空き箱にはってスペシャルなボックス、厚紙を使ってそれぞれの形に合わせた携帯ケースもよく作ります。2cm正方くらいになっても、コサージュやブローチ、小さなツリーなどを作っても楽しいものです。

左上から右回りに
乳牛のぬいぐるみ／蓮のドライフラワーを使ったツリーとミニツリー／空き缶のピンクッション／花のブローチ／
指輪型ピンクッション6種／ハウスをかたどったポーチ

ひとつのジャンルの学問として成立するくらいの研究者やファンを持っているリバティプリント。そんな中で、私がオールシーズン、製品としてラインナップを発表し始めたのは12年前からになります。それ以前にも好きな柄はたくさんありますが、私が製品化し、またもう一度復活してほしい大好きな柄をご紹介したいと思います。

A　Midnight　ミッドナイト
美しい濃色の配色で描かれた夜空。4色展開すべてが完璧に大好きな配色でした。

B　Karen Richard　カレン・リチャード
豪奢という言葉がぴったりの美しい花々を贅沢に配した隙間に、細かいドット柄がちりばめられています。花の美しさと豪華さにため息が出るほど。主役級の柄で、ほかと合わせるのが難しい柄ではありますが。

C　Becky Jane　ベッキー・ジェーン
シックな色合いで、ちりばめられた小さなドットが点描絵画のよう。格調高い服を作ることができました。。

D　Anna's Garden　アンナズ・ガーデン
「こんな花園に埋もれたい！」と思ったオリエンタルな美しい花柄。

E　Seventeen　セブンティーン
ポップな花柄を美しい大人の配色で描いたこの柄は、全色選び製品に。お気に入りのかたがたくさんいらっしゃいました。

F　Amherst　アマースト
美しい羽根がランダムにちりばめられたこの柄は、スタイリッシュなデザインによく使いました。

G　Honour　オナー
一見、チャイナ風に見えるこの柄は、配色がモダンゆえにとても粋で、大好きでした。好きすぎて使えない柄のひとつです。

H　Susa　スーザ
このかっこよさといったらピカイチでした。リバーシブルのコートドレス、何人のかたにほめていただいたことでしょう。ペーズリーをこんなに大きくポップに表現できるなんて。

I　Arrow　アロー
とびぬけてきれいな配色のこの柄、年代を超えて着てみたいと言われた柄でした。

J　Satsuki　サツキ
この柄の配色は、とてもシックで落ち着いた色でした。それなのにこの華やかさといったら！もう一度リバイバルしてほしい柄のひとつです。

K　Love Letters　ラブ・レターズ
愛と平和、希望がポップで楽しく描き出されて……。こんな柄を出してしまうリバティプリント。ほんとうに愛してやみません。

L　Floral Symphony　フローラル・シンフォニー
普段は1反の生地をワンピースやブラウス、スカートなど数型に展開します。ところが、この柄は最初に作ったシャツでだけで完売！何とも人気のある魅力的な柄でした。

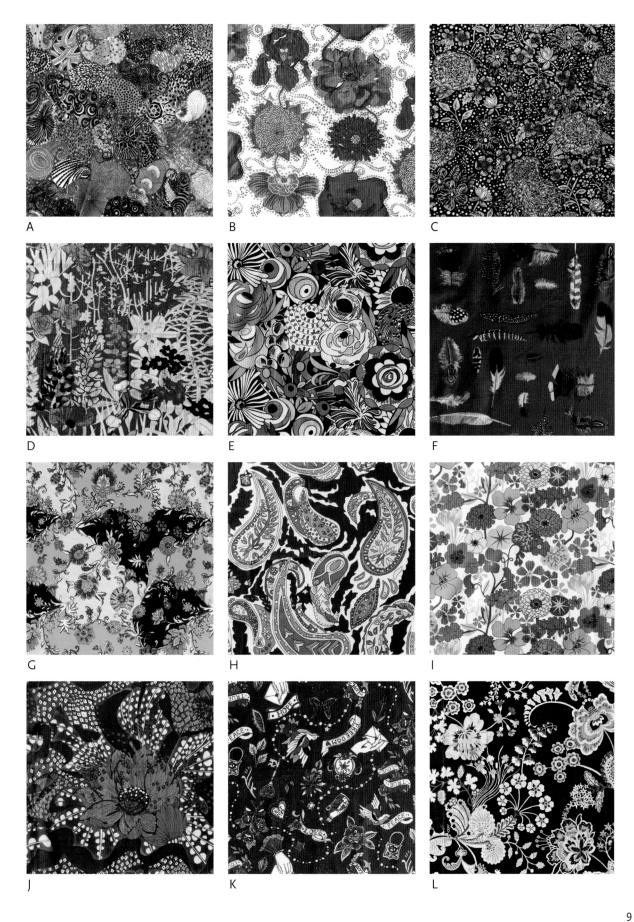

A

B

C

D

E

F

G

H

I

J

K

L

ギャザープルオーバー 前後着用可

定番中の定番、
「ザ・リバティプリント」という組合せです。
この3つの柄はブルーのトーンがとてもよく合います。
縁とりに使った柄は、他の2柄よりも
無地ライクで落ち着いたものを選ぶのが、
組合せで成功する秘訣です。
前後のないパターンで、
雰囲気の違う2通りの着方ができます。

→P.42

Edna
Xanthe Sunbeam
Swim Dunclare

フラットカラー　ピンタックワンピース

2021年秋冬のシーズナルコレクションより選びました。
私の好きな柄の中でも、5本の指に入ります。
シャクヤクが描かれたこの柄、ベースが濃色なのでワンピースやボトムにも使いやすく、
ベースの色と合わせた主張しすぎない無地ライクな柄を付属として使うことにより、
さらに柄が引き立ちます。
→P.46

Blackburn
Patrick Gordon

T プルオーバー リバーシブル

明るい色調で描かれた花モチーフ、
雰囲気の似た2柄を選んで切替えで上下に使用した表側。
マーガレット・アニーとキアラは、
私には姉妹のように思えます。
裏側は、孤高の美しい柄、アンジェリカ・ガーラ。
主役級役者の一人芝居のように晴れやかな雰囲気で、
他との組合せなしによく使います。
秋冬のTシャツとして重宝しそう。
→P.44

Margaret Annie
Ciara
Angelica Garla

ローウエスト切替えギャザーワンピース

印象の似た2つの花プリント、
グレイッシュなトーンを合わせたワンピースは、
トップス部分に明るめな色、スカートや袖部分に
それよりも濃いめの色を持ってくると、
分量がたっぷりでもすっきり見えます。
ブラウジングできるデザインは、
丈の調節も可能です。

→P.49

May Morris
Brighton Blossom

同じパーツ、8枚で作ったスカート リバーシブル

ベーストーンはブルー、8柄を使用した楽しいスカート。
4柄ずつの組合せを違った雰囲気にしておくと、感じの違う着方ができて楽しいです。
裏側には2色使いのシンプルなひと柄を使いました。
→P.52

V ネックワンピース リバーシブル

モノトーン使いのトラディショナル柄だけで、
シンプルなワンピースに。
リバーシブルで作品を作るとき、
表裏の柄の相性をとても大事にします。
ハンガーにかけた際や動いてちらっと見えたとき、
また長い間片側だけ着用して、どちらかが
数ミリ単位で伸びてしまって裾などから見えてきても、
合う色を組み合わせておけば、
違和感なく着用できます。
切替えがあるときは、
濃色を下に使ってバランスをきれいに。

→P.54

Mortimer
Lodden Wood
Malory

ギャザープルオーバー リバーシブル

この柄をよく見てみてください。
花の雄しべの部分が星だったりハートだったり……
見ていてほんとうに楽しく、飽きのこない柄です。
カラフルな色使いと2色使いの同じモチーフを表裏に使って、
人気の定番柄を引き立て合うようにデザインしました。
裾と袖口はふらし仕立てに。

→P.60

Small Susanna
Small Sus

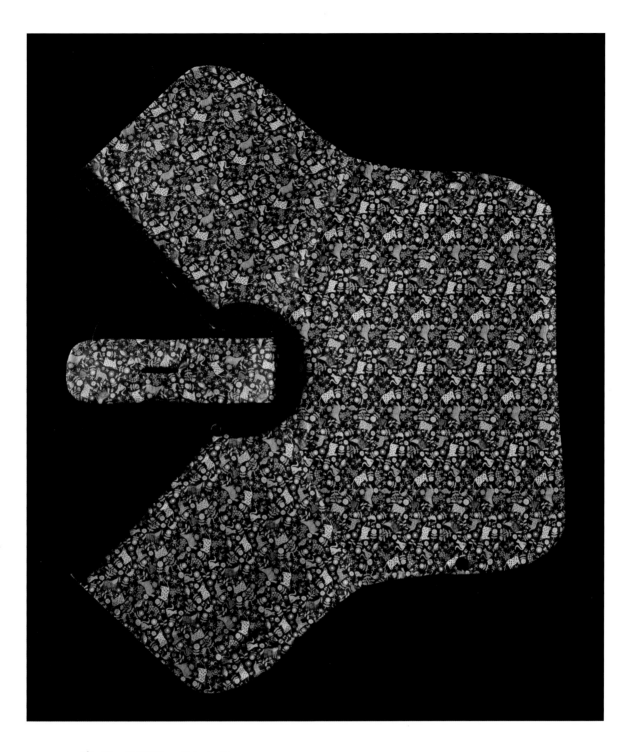

ポンチョ＆マフラー リバーシブル

毎シーズン発表される、新しいトレンドを感じるコレクションが楽しみです。
これはポエムの世界からインスパイアされた柄とか。空想の動物がポップに描かれた楽しい柄ですが、
遠目で見るとほとんど無地ライクで着やすい柄といえます。
優しい肌触りのフラノとリバーシブルにして、ポンチョとマフラーにしました。
→P.62

Folk Tails

スタンドカラーワンピース リバーシブル

この柄が好き、となって
なかなか合う柄が見当たらないとき、
同じ柄の色違いと合わせてみてください。
かなりの確率で合うこと請け合いです。
アルプスの草原の美しさを写し取ったという柄の中から、
さらに同じカラーパレットの2柄を選んで表裏に。
裾はふらし仕立てにして、
濃い配色のプリントがアクセントになるように。

→P.57

Heidi Meadow

わた入りベスト リバーシブル

左のストロベリー・シーフは、
ウィリアム・モリスの柄の中でも特に人気がある
有名な柄ですね。
何度も繰り返し使われた柄から、
ブルー系の2色を選んで表裏にしたベストです。
柄のデザインの品格を合わせると2乗効果で
とても気品ある組合せになります。
タナローンのしなやかさで、
わた入りベストのカジュアルだけではない
着方を提案します。
→P.64

Strawberry Thief
Felix and Isabelle

ワイドパンツ リバーシブル

起毛リネンの黒いワイドパンツ、内側には肌触りのいいタナローンを使う自分だけが楽しめる贅沢。
2021年秋冬のシーズナルコレクションより選んだ花柄です。
パンツなどに使うときはすっきりした小柄でベースの面積が多いものを選ぶと、
こちらを表に履いても抵抗感なく着用できます。
この作品のように、長い距離のアイテムをきれいにリバーシブルに仕立てる工夫 "ふらし"、
裾のアクセントにもなります。
→ P.66

Swedish Meadow

パッチワークティアードスカート リバーシブル

リバティプリント好きなかたはきっといろいろな
種類の余り布を、捨てられずにお持ちだ思います。
同系色の端切れをつなぎ合わせて、
ボリュームたっぷりのティアードスカートにしました。
これは24柄を使用した贅沢な作品です。
裏側にはコットンローンを使って軽く仕上げて。

→P.69

フリルブラウス　前後着用可

大好きなベリーや一重の花々が美しいブランブル。
縁とりには同じようなタッチで描かれた柄を
組み合わせると違和感がありません。
前後なく着られるパターンを使って、
片側にはボリュームのある
フリルをはさみ込んだブラウス。
→P.72

Bramble
Floral Eve

ラグランコート リバーシブル

絵画的でボタニカルアートを思わせる花々の柄は、
このシーズンのコレクションの中で、
いちばんドキドキした柄でした。
タイプライタークロスを裏側に使って
リバーシブル仕立てにしました。
芯をはって仕立てることで、
しなやかなタナローンが秋冬の素材になりました。
格調高いコートは、
きっと街で注目されてしまいますね。

→P.74

Stately Bouquet

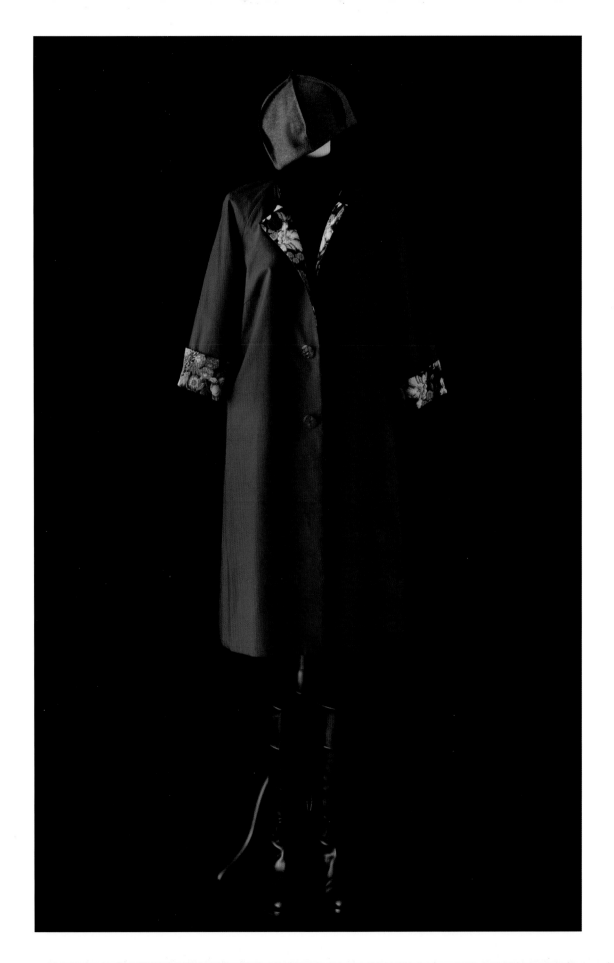

ボレロ リバーシブル

野に咲くワイルドな花々が落ち着いたトーンで描かれているこの柄は、
主張しすぎないので出番の多い便利な一枚になってくれることでしょう。
タナローンのなめらかな質感は、裏側に着用しても袖通しがしやすくとても気持ちよいものです。
密に織られたコットンと合わせたリバーシブルに仕立て、
前端から衿ぐりとステッチでしっかり押さえて、安定した着心地のボレロになりました。
→P.78

Wild Flowers

◎ 実物...

付録の実物...　　　　　　　　サイズはS・M・Lの3サイズ。サイズ表の寸法
をもとに、　　　　　　　　出来上り寸法も参考に、サイズを決めてください。

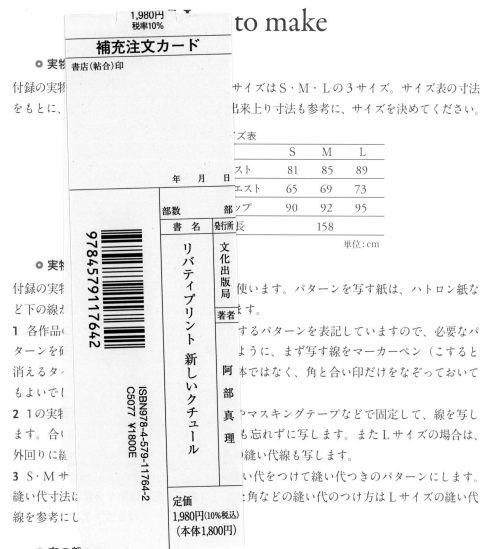

サイズ表

	S	M	L
...スト	81	85	89
...エスト	65	69	73
...ップ	90	92	95
...長		158	

単位:cm

◎ 実物...

付録の実物...　　　　　　　　使います。パターンを写す紙は、ハトロン紙な
ど下の線が　　　　　　　　ます。

1 各作品の　　　　　　　　するパターンを表記していますので、必要なパ
ターンを布　　　　　　　　ように、まず写す線をマーカーペン（こすると
消えるタ　　　　　　　　本ではなく、角と合い印だけをなぞっておいて
もよいでし

2 1の実物　　　　　　　　マスキングテープなどで固定して、線を写し
ます。合い　　　　　　　　も忘れずに写します。またLサイズの場合は、
外回りに縫い　　　　　　　　縫い代線も写します。

3 S・Mサ　　　　　　　　い代をつけて縫い代つきのパターンにします。
縫い代寸法は　　　　　　　　角などの縫い代のつけ方はLサイズの縫い代
線を参考にし

◎ 布の裁ち方

◆裁合せ図を参考に、布にパターンを配置し、縫い代つきのパターンどおりに布を裁ちます。
◆使用量に表記した布幅と違う布の場合は、使用量、パターンの配置が変わることがありますので、必ず確認を。
◆リバティプリントは柄に方向がある場合が多くあります。その場合は必ず一方向にパターンを配置して裁断します。
◆布の使用量は柄合せを考慮していません。柄合せが必要な場合は、布を多めに用意してください。
◆出来上り線の印つけは、布を外表に合わせて裁ち、2枚の布の間にチョークペーパーをはさんで、ルレットで印をつけます。

◎ 縫い方のポイント

◆「材料」ではミシン糸を省いていますので、布に合わせてミシン糸を用意してください。リバティプリントの場合は、ポリエステルミシン糸60番のミシン糸を、ミシン針は11番を使います。
◆リバーシブル仕立ての作品は、表布と裏布がつれたりたるんだりしないようにするためにも、正確な裁断、正確な縫製を心がけてください。

補充注文カード

1,980円
税率10%

書店（帖合）印

年　月　日

部数　　部

書　名　　発行所

リバティプリント 新しいクチュール

文化出版局

著者

阿部真理

定価
1,980円（10%税込）
（本体1,800円）

9784579117642

ISBN978-4-579-11764-2
C5077 ￥1800E

ギャザープルオーバー 前後着用可 p.10

★出来上り寸法
S …バスト110cm 着丈53cm 袖中心の丈60cm
M …バスト114cm 着丈53cm 袖中心の丈60.5cm
L …バスト118cm 着丈53cm 袖中心の丈61cm

★パターン（2面）
A前後身頃 A袖 Aあき見返し
＊衿ぐり布、袖口布、衿ぐりのひも、裾のひもは裁合せ図c柄の寸法で直接布を裁断する。

★材料
表布a柄：Edna（エドナ／DE）＝108cm幅70cm
表布b柄：Xanthe Sunbeam（ザンジー・サンビーム／DE）＝108cm幅1m30cm
表布c柄：Swim Dunclare（スイム・ダンクレア／VE）＝80×70cm
薄手接着芯＝10×10cm
ゴムテープ＝0.6cm幅袖口用23cm×2本／衿ぐり用32cm／裾用50cm

★作り方のポイント
・身頃は衿ぐりのあき以外は前後同形なので、前後身頃はa柄とb柄で1枚ずつ裁ち、a柄にあきを作る。

★準備
・あき見返しの裏面に接着芯をはる。
・身頃の脇、袖下の縫い代にロックミシン（またはジグザグミシン）をかける。

★縫い方順序
1 a柄の身頃にあきを作る。→図
2 身頃、袖のダーツを縫う。縫い代は、身頃のダーツは中心側に、袖のダーツは左右同じ側に倒す。
3 身頃と袖のラグラン線を縫い合わせる。縫い代は2枚一緒にロックミシンで始末をし、袖側に倒す。
4 衿ぐりに衿ぐり布をつける。→図
5 袖下～脇を続けて縫い、縫い代を割る。このとき片方の脇（a柄身頃を前にしたときの左脇）の裾にひも通し口を縫い残す。
6 裾の始末をする。→図
7 袖口に袖口布をつける。→図
8 衿ぐりのひも、裾のひもを作って通す。→図
9 袖口にゴムテープを通す。ゴムテープの端は1cm重ねて縫いとめる。

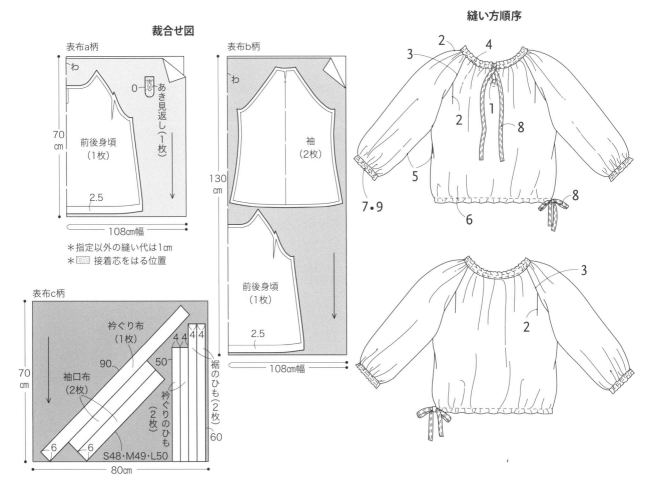

裁合せ図

表布a柄
わ
前後身頃（1枚）
あき見返し（1枚）
0
70cm
2.5
108cm幅

表布b柄
わ
袖（2枚）
前後身頃（1枚）
130cm
2.5
108cm幅

＊指定以外の縫い代は1cm
＊▨▨ 接着芯をはる位置

表布c柄
衿ぐり布（1枚）
袖口布（2枚）
衿ぐりのひも（2枚）
裾のひも（2枚）
4 4 4
90
50
6
6
S48・M49・L50
60
70cm
80cm

縫い方順序
2 4
3
1
8
2
5
7・9
6
8

3
2

1 a柄の身頃にあきを作る

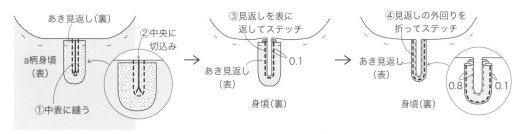

あき見返し（裏）
②中央に切込み
a柄身頃（表）
①中表に縫う

③見返しを表に返してステッチ
あき見返し（表）
0.1
身頃（裏）

④見返しの外回りを折ってステッチ
あき見返し（表）
身頃（裏）
0.8 0.1

4 衿ぐりに衿ぐり布をつける

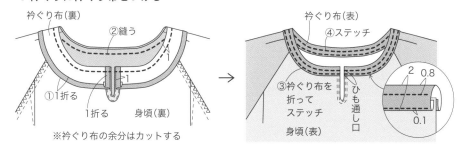

衿ぐり布（裏）
②縫う
①1折る
1折る
1
身頃（裏）
※衿ぐり布の余分はカットする

衿ぐり布（表）
④ステッチ
③衿ぐり布を折ってステッチ
ひも通し口
2 0.8
0.1
身頃（表）

6 裾の始末をする

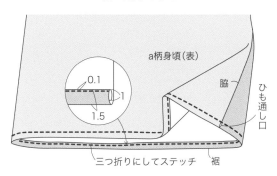

a柄身頃（表）
0.1
1
1.5
三つ折りにしてステッチ
裾
脇
ひも通し口

8 衿ぐりのひも、裾のひもを作って通す

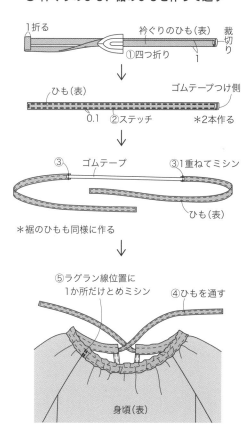

1折る
衿ぐりのひも（表）
裁切り
①四つ折り
1

ひも（表）
0.1
②ステッチ
ゴムテープつけ側
*2本作る

③
ゴムテープ
③1重ねてミシン
ひも（表）

＊裾のひもも同様に作る

⑤ラグラン線位置に1か所だけとめミシン
④ひもを通す
身頃（表）

＊裾のひもは脇のひも通し口から裾の三つ折りに通し、反対側の脇に⑤と同じようにとめミシンをかけてゴムテープをとめる

7 袖口に袖口布をつける

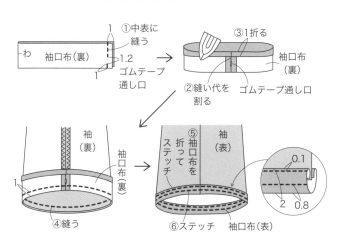

1
①中表に縫う
1.2
1
わ 袖口布（裏）
ゴムテープ通し口

③1折る
袖口布（裏）
②縫い代を割る
ゴムテープ通し口

袖（裏）
袖口布（裏）
1
④縫う

⑤袖口布を折ってステッチ
袖（表）
⑥ステッチ 袖口布（表）
0.1
2 0.8

43

Tプルオーバー リバーシブル p.14

★出来上り寸法
S …バスト98cm 着丈53.5cm ゆき丈約63cm
M …バスト102cm 着丈53.5cm ゆき丈約63.5cm
L …バスト106cm 着丈53.5cm ゆき丈約64cm

★パターン（3面）
B前身頃 B前裾布 B後ろ身頃 B後ろ裾布 B袖 B袖口布

★材料
表布a柄：Margaret Annie（マーガレット・アニー／BE）＝
　　　　108cm幅S・M1m／L1m10cm
表布b柄：Ciara（キアラ／AE）＝108cm幅50cm
裏布c柄：Angelica Garla（アンジェリカ・ガーラ／BE）＝
　　　　108cm幅1m30cm
接着テープ：バイアスタイプ＝0.9cm幅1m30cm

★作り方のポイント
・表布と裏布でリバーシブル仕立てにする。

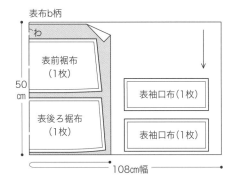

表布b柄

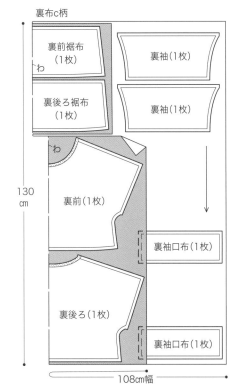

裏布c柄

★準備
・表布、裏布とも衿ぐりの縫い代裏面に接着テープをはる。

★縫い方順序
1 前後身頃に裾布をつける。表布、裏布とも前後身頃と裾布を中表に合わせて縫い、縫い代は裾布側に倒す。
2 表布、裏布とも肩を縫い、縫い代を割る。
3 袖を作る。→図
4 袖をつける。→図
5 衿ぐりを縫う。→図
6 表布と裏布の脇を続けて縫う。→図
7 裾の始末をする。→図

裁合せ図

表布a柄

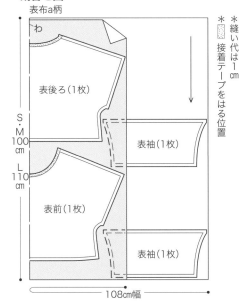

＊縫い代は1cm
＊ 接着テープをはる位置

縫い方順序

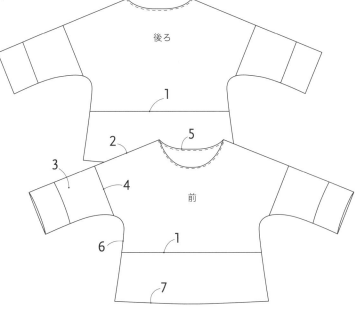

3 袖を作る

①袖と袖口布を中表に縫い、縫い代を袖口布側に倒す

0.5残す

③袖下を縫い、縫い代を割る

裏袖（裏）

裏袖口布（裏）

表袖口布（裏）

①

表袖（裏）

0.5残す

②表、裏の袖口を中表に縫い、割る

裏袖（表）

0.7

表袖（表）

⑤しつけ

袖口

④表に返して、表裏袖を外表に整える

4 袖をつける

①裏身頃と裏袖を中表に合わせてしつけ

0.9

裏前（裏）

表袖（表）

裏袖（表）

裏後ろ（表）

②表、裏身頃を外表に重ねる

表袖（表）

裏袖（表）

表前（表）

表後ろ（裏）

裏後ろ（表）

③表、裏前身頃の間から前袖ぐりを中表に合わせて引き出し、身頃で袖をはさんで前袖ぐりを縫う
④表、裏後ろ身頃の間から後ろ袖ぐりを中表に合わせて引き出し、③と同様に後ろ袖ぐりを縫う

5 衿ぐりを縫う

裏後ろ（表）

②

0.2

③衿ぐりを整えてステッチ

①

表前（表）

表後ろ（裏）

裏後ろ（表）

裏前（裏）

①表、裏前身頃の間から前衿ぐりを中表にして引き出し、前衿ぐりを縫い、縫い代に切込みを入れて表に返す
②表、裏後ろ身頃の間から後ろ衿ぐりを引き出し、①と同様に後ろ衿ぐりを縫う

7 裾の始末をする

②針目が目立たないようにまつる

裏前（表）

裾

①ここから表、裏布の裾を中表に合わせて引き出して縫う。前裾と後ろ裾を分けて縫う

6 表布と裏布の脇を続けて縫う

表後ろ（表）

①表身頃と裏身頃の脇を続けて縫う

①

表前（裏）

②

②カーブの縫い代に切込み

裏前（裏）

②

8～10残す

裏後ろ（表）

③脇縫い代を割り、表に返す

フラットカラー ピンタックワンピース　p.12

★出来上り寸法
S …バスト112cm　着丈107cm　袖中心の丈56cm
M …バスト116cm　着丈107cm　袖中心の丈56.5cm
L …バスト120cm　着丈107cm　袖中心の丈57cm

★パターン（4面）
C前身頃　C後ろ身頃　C前裾切替え布　C後ろ裾切替え布
C袖　C袖口切替え布　C衿　Cポケット口布　C袋布
＊ひもと衿ぐり用バイアス布は、裁合せ図a柄の寸法で直接布
を裁断する。

★材料
表布a柄：Blackburn（ブラックバーン／21CT）＝108cm幅2m70cm
表布b柄：Patrick Gordon（パトリック・ゴードン／XE）＝108cm幅1m
別布：綿ローン＝70×30cm
薄手接着芯＝90cm幅60cm
接着テープ：バイアスタイプ＝0.9cm幅1m

★準備
・衿、前後の裾切替え布は、それぞれ1枚だけ裏面に接着芯を
はり、芯をはったほうを表衿、表前後裾切替え布にする。袖口
切替え布は裏面の半分に接着芯をはり、芯をはったほうを表袖
口切替え布にする。
・脇、袖下にロックミシン（またはジグザグミシン）をかける。

★縫い方順序
1　身頃のピンタックを縫う。→図
2　袖山のダーツを縫う。→図
3　ラグラン線を縫い合わせる。→p.50-1
4　衿を作る。→図
5　衿をつける。→図
6　ポケット口を残して袖下〜脇を続けて縫う。
　　→p.50-3ただし両脇ともポケット口を縫い残す。
7　袋布を縫ってポケット口につける。→図
8　裾に切替え布をつける。→図
9　裾切替え布と同じ要領で、袖口に袖口切替え布をつける。
10　ひもを作る。ひも布を1cm幅の四つ折りにして周囲にステッ
　　チをかける。
11　脇に糸ループでひも通しをつける。→図

裁合せ図

縫い方順序

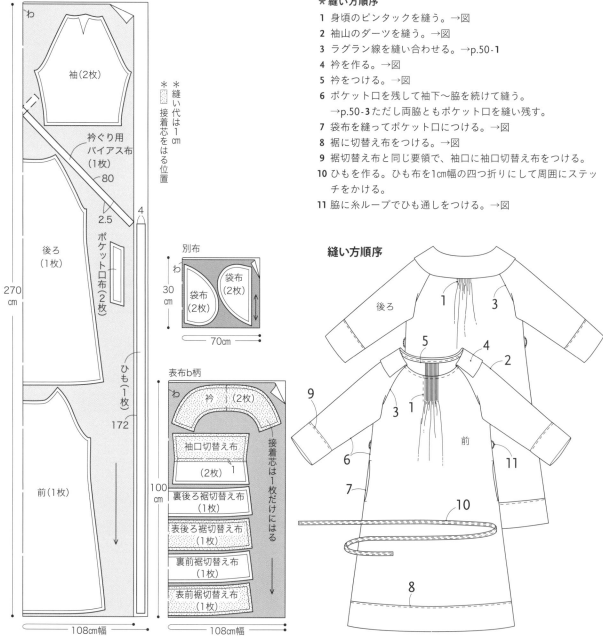

1 身頃のピンタックを縫う

縫止り

後ろ（表）

①表タック山にへらで印をつける

②へらでしるした表タック山を外表にアイロンで折る

後ろ（表）

→

0.5

後ろ（表）

③折り山を縫う残りの折り山も同様

縫止り

→

後ろ（表）

④ピンタックを片側に倒してアイロン

＊前身頃のピンタックも同様に縫う

後ろ（裏）

⑤衿ぐりに接着テープをはる

＊前身頃の衿ぐりにも同様に接着テープをはる

2 袖山のダーツを縫う

①中表に縫う

袖（裏）

→

袖（裏）

②後ろ側に倒してアイロン

③衿ぐりに接着テープをはる

袖（裏）

4 衿を作る

①2枚を中表に縫う

裏衿（表）

表衿（裏）

②角の縫い代をカット

↓

③表に返してアイロン

表衿（表）

④縫い代にミシン

5 衿をつける

衿ぐり用バイアス布（裏）

①0.5折る

↓

②身頃の衿ぐりに裏衿を中表に重ね、さらにバイアス布を中表に重ねて縫う

後ろ（表）

表衿（表）

袖（表）

1

バイアス布（裏）

1折って1重ねて余分をカットする

前（表）

→

③衿ぐりの縫い代を0.5にカット

後ろ（表）

表衿（表）

0.5

④カーブの縫い代に切込み

バイアス布（裏）

前（表）

→

0.1

1

表衿（表）

⑤バイアス布を表に返し、縫い代をバイアス布でくるんでステッチ

バイアス布（表）

後ろ（裏）

袖（裏）

表衿（表）

前（裏）

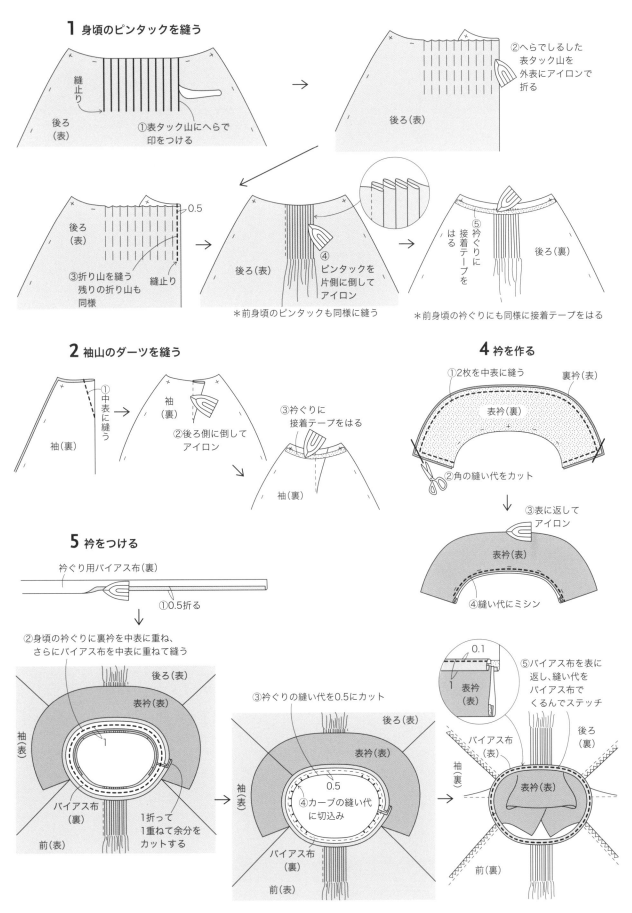

47

7 袋布を縫ってポケット口につける

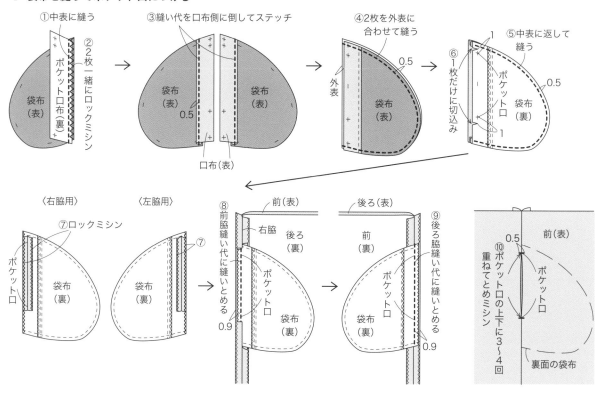

8 裾に切替え布をつける

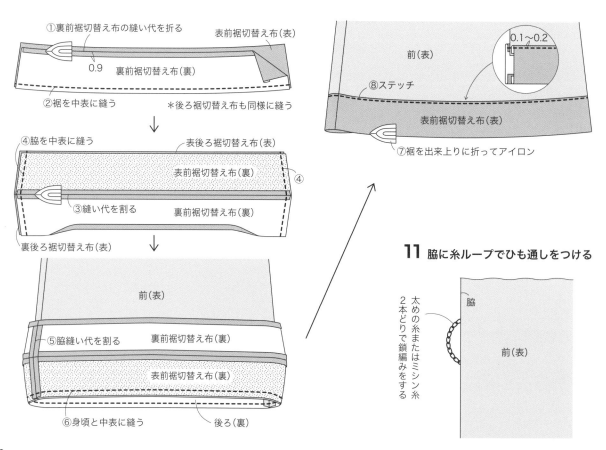

ローウエスト切替えギャザーワンピース p.16

★出来上り寸法
S … バスト103cm　着丈107.5cm　袖中心の丈62.3cm
M … バスト107cm　着丈107.5cm　袖中心の丈63cm
L … バスト111cm　着丈107.5cm　袖中心の丈63.7cm

★パターン（3面）
D 前身頃　D 後ろ身頃　D 袖　D 袖口パイピング布
D 前ウエスト裏当て布　D 後ろウエスト裏当て布
＊スカートは製図の寸法でパターンを作る。
＊衿ぐりパイピング布、ひもは裁合せ図b柄の寸法で直接布を裁断する。

★材料
表布a柄：May Morris（メイ・モリス／WE）＝108cm幅1m20cm
表布b柄：Brighton Blossom（ブライトン・ブロッサム／YE）＝
　　　　　108cm幅2m20cm
別布：綿ブロード＝70×15cm
薄手接着芯＝35×10cm
接着テープ：バイアスタイプ＝0.9cm幅70cm
ゴムテープ＝1cm幅80cm

★準備
・袖口パイピング布の裏面に接着芯をはる。
・身頃の脇、スカートの脇、袖下の縫い代にロックミシン（またはジグザグミシン）をかける。
・前後身頃と袖の衿ぐりのギャザー位置、袖口のギャザー位置、スカートのウエストのギャザー位置に、それぞれ縫い代端から0.5cm内側に粗い針目でギャザーミシンをかける。
・前後身頃と袖の衿ぐりにギャザーを寄せて、衿ぐりの裏面に接着テープをはる。→図

★縫い方順序
1　ラグラン線を縫い合わせる。→図
2　衿ぐりのパイピングをする。→図
3　袖下～脇を続けて縫う。→図
4　袖口のパイピングをする。→図
5　スカートの脇を縫う。→図
6　スカートの裾の始末をする。→図
7　身頃とスカートを縫い合わせる。→図
8　ひもを作りゴムテープとつなぎ合わせ（→p.43）、左脇からウエストに通す。

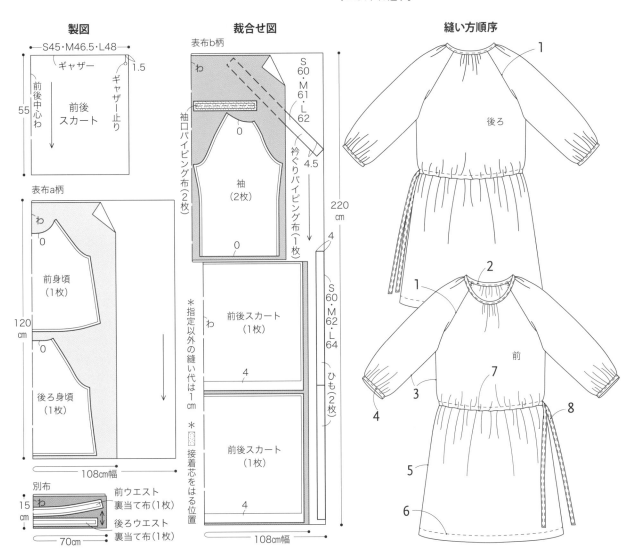

製図

-S45・M46.5・L48-
ギャザー　1.5
ギャザー止り
前後中心わ
前後スカート
55

表布a柄
わ　0
前身頃（1枚）
0
後ろ身頃（1枚）
120cm
0
108cm幅

別布
15cm　わ
前ウエスト裏当て布（1枚）
後ろウエスト裏当て布（1枚）
70cm

裁合せ図

表布b柄
わ
S60・M61・L62
袖口パイピング布（2枚）
衿ぐりパイピング布（1枚）
4.5
袖（2枚）
0
0
220cm
4
S60・M62・L64
わ
前後スカート（1枚）
4
ひも（2枚）
前後スカート（1枚）
4
108cm幅
＊指定以外の縫い代は1cm
＊▨接着芯をはる位置

縫い方順序

後ろ　1
前　1　2　3　4　5　6　7　8

準備：衿ぐりにギャザーを寄せて、衿ぐりの裏面に接着テープをはる

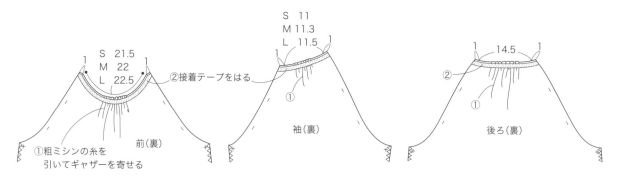

1 ラグラン線を縫い合わせる

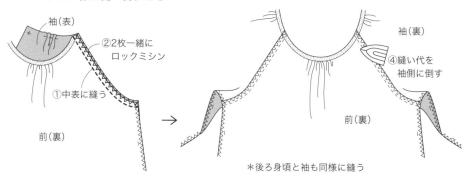

＊後ろ身頃と袖も同様に縫う

2 衿ぐりのパイピングをする

衿ぐりパイピング布（裏）

①1折る　②中表に縫って割る

後ろ（裏）

袖（裏）

衿ぐり
パイピング布
（裏）

③縫う

前（裏）

後ろ（表）

袖（表）

パイピング布
（表）

前（表）

④衿ぐりをパイピング布で
くるんでステッチ

1.2
0.1

3 袖下〜脇を続けて縫う

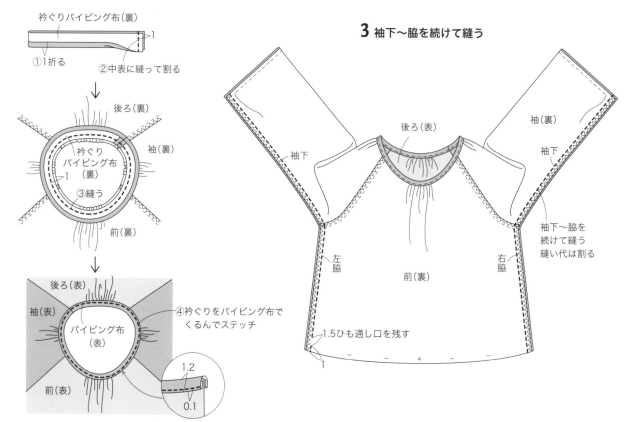

4 袖口のパイピングをする

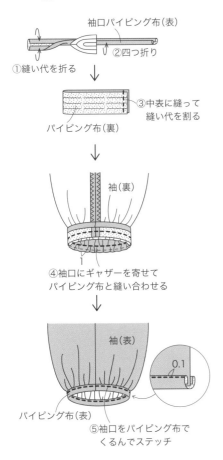

袖口パイピング布（表）

①縫い代を折る
②四つ折り

③中表に縫って縫い代を割る
パイピング布（裏）

袖（裏）
1

④袖口にギャザーを寄せてパイピング布と縫い合わせる

袖（表）
0.1
パイピング布（表）
⑤袖口をパイピング布でくるんでステッチ

5 スカートの脇を縫う
6 スカートの裾の始末をする

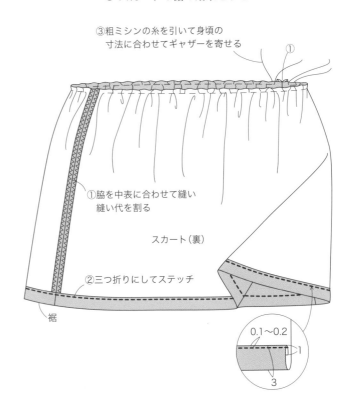

③粗ミシンの糸を引いて身頃の寸法に合わせてギャザーを寄せる
①

①脇を中表に合わせて縫い縫い代を割る

スカート（裏）

②三つ折りにしてステッチ

裾

0.1～0.2
1
3

7 身頃とスカートを縫い合わせる

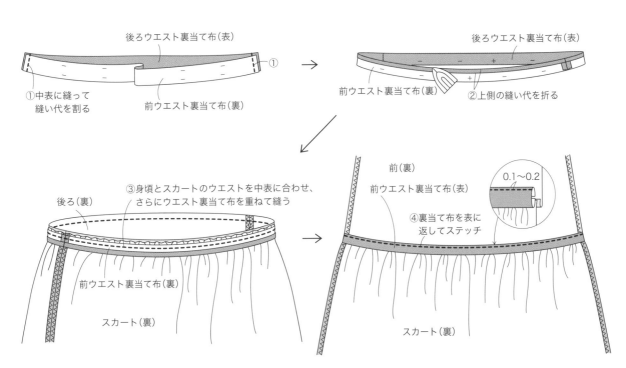

後ろウエスト裏当て布（表）
①
①中表に縫って縫い代を割る
前ウエスト裏当て布（裏）

→

後ろウエスト裏当て布（表）
前ウエスト裏当て布（裏）
②上側の縫い代を折る

後ろ（裏）
③身頃とスカートのウエストを中表に合わせ、さらにウエスト裏当て布を重ねて縫う
前ウエスト裏当て布（裏）
スカート（裏）

→

前（裏）
前ウエスト裏当て布（表）
0.1～0.2
④裏当て布を表に返してステッチ
スカート（裏）

同じパーツ、8枚で作ったスカート リバーシブル p.18

★出来上り寸法
S … ヒップ108cm　スカート丈75cm
M … ヒップ112cm　スカート丈75cm
L … ヒップ116cm　スカート丈75cm

★パターン（4面）
Eスカート

★材料
表布：ブルー系リバティプリント8種＝各25×80cm
裏布：Capel（カペル／BBE）＝108cm幅1m60cm
薄手接着芯＝90cm幅3m10cm
ゴムテープ＝3cm幅適宜

★作り方のポイント
・表布と裏布でリバーシブル仕立てにする。
・同じパターンのパーツを8枚縫い合わせてスカートにする。表布は色みを合わせた8種類の布地で各1枚ずつ裁ち、裏布は1種類の布で8枚を裁つ。

★準備
・表布、裏布の各パーツの裏面に接着芯をはる。接着芯は縫い代をつけないで出来上りの大きさに裁つ。

〈接着芯のはり方〉
・布の裏面に芯の接着剤のついている面を下にして平らにのせ、中温（120〜140℃）のアイロン（スチームは使わない）ではる。
・パーツの中央から上下に向かってアイロンを移動させながらはるが、アイロンはすべらせないで、持ち上げて移動し、しっかりと押さえてすきまなくアイロンを当てて圧着させる。
・接着後は冷めるまで平らなところに置いておく。

★縫い方順序
1　表布、裏布とも8枚のパーツを縫い合わせる。→図
2　裾を縫う。→図
3　ウエストを縫う。→図
4　ウエストにゴムテープを通す（→図）。ゴムテープの長さは試着をして決め、ちょうどよい長さに1〜2cmの縫い代を加えた長さにカットする。

裁合せ図

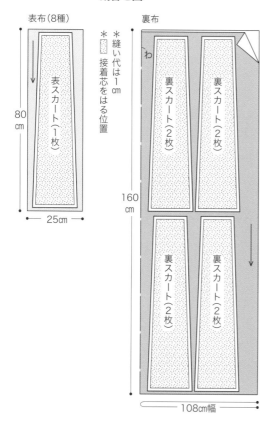

表布（8種）
表スカート（1枚）
80cm
25cm

＊縫い代は1cm
＊接着芯をはる位置

裏布
わ
裏スカート（2枚）
裏スカート（2枚）
裏スカート（2枚）
裏スカート（2枚）
160cm
108cm幅

縫い方順序

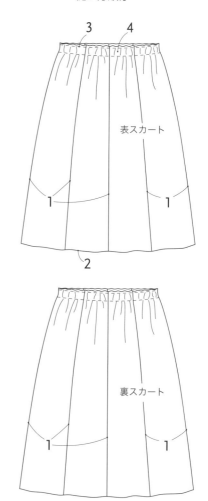

3　4
表スカート
1　1
2

裏スカート
1　1

1 表布、裏布とも8枚のパーツを縫い合わせる

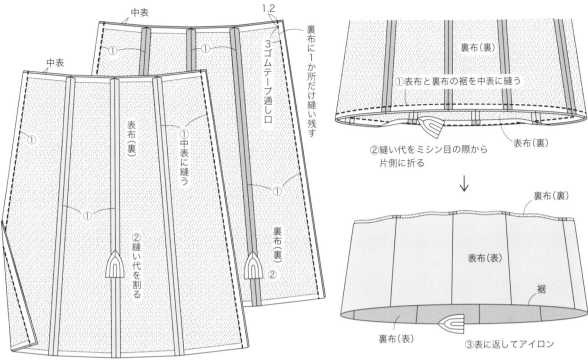

中表
中表
1.2
裏布に1か所だけ縫い残す
3ゴムテープ通し口
表布（裏）
①中表に縫う
①
②縫い代を割る
裏布（裏）
②

2 裾を縫う

裏布（裏）
①表布と裏布の裾を中表に縫う
表布（裏）
②縫い代をミシン目の際から片側に折る

裏布（裏）
表布（表）
裾
裏布（表）
③表に返してアイロン

3 ウエストを縫う

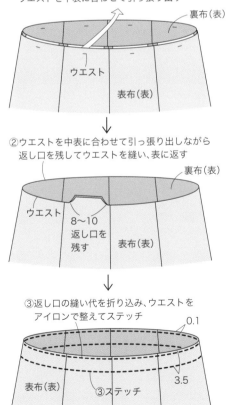

①外表に整えた表布と裏布の間から表布と裏布の
ウエストを中表に合わせて引っ張り出す

裏布（表）
ウエスト
表布（表）

②ウエストを中表に合わせて引っ張り出しながら
返し口を残してウエストを縫い、表に返す

裏布（表）
ウエスト
8〜10
返し口を残す
表布（表）

③返し口の縫い代を折り込み、ウエストを
アイロンで整えてステッチ

0.1
表布（表）
③ステッチ
3.5

4 ウエストにゴムテープを通す

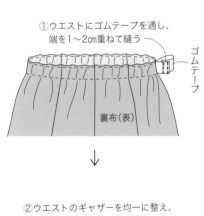

①ウエストにゴムテープを通し、
端を1〜2cm重ねて縫う

ゴムテープ
裏布（表）

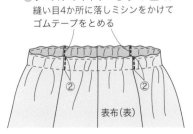

②ウエストのギャザーを均一に整え、
縫い目4か所に落しミシンをかけて
ゴムテープをとめる

②
②
表布（表）

Vネックワンピース　リバーシブル　p.20

★出来上り寸法
S … バスト101cm　着丈96.5cm　ゆき丈約33cm
M … バスト105cm　着丈96.5cm　ゆき丈約33.5cm
L … バスト109cm　着丈96.5cm　ゆき丈約34cm

★パターン（1面）
F前身頃　F前スカート　F後ろ身頃　F後ろスカート
F前衿ぐり切替え布　F後ろ衿ぐり切替え布　F袋布
＊ループは裁合せ図b柄の寸法で直接布を裁断する。

★材料
表布a柄：Mortimer（モーティマー／ZE）＝108cm幅1m20cm
表布b柄：Lodden Wood（ロデン・ウッド／WE）＝108cm幅1m10cm
裏布c柄：Malory（マロリー／ZE）＝108cm幅1m70cm
薄手接着芯＝90cm幅2m40cm
接着テープ：バイアスタイプ＝0.9cm幅3m
ボタン＝直径1.5cm2個

★作り方のポイント
・表布と裏布でリバーシブル仕立てにする。
・ローウエストの切替え線を利用して、表布側、裏布側のどちらからも入れられるポケットを作る。

★準備
・表布、裏布とも前、後ろの衿ぐり切替え布、後ろ身頃のあきの部分、前身頃のポケット口布の部分と前中央V字の角の裏面に、接着芯をはる。スカートは表布、裏布とも裏面全体に接着芯をはるが、0.2cmの縫い代をつけて裁ち、出来上り線に0.2cmかかるようにはる。接着芯のはり方はp.52参照。
・表布、裏布とも前、後ろ身頃の袖ぐりの縫い代、表後ろ身頃の肩縫い代、裏前身頃の肩縫い代に接着テープをはる。

★縫い方順序
〈身頃作り〉
1　ループを作って仮どめする。→図
2　表布、裏布とも後ろ中心を縫う。あき止りから下を縫い、縫い代を割る。
3　表布、裏布とも身頃、衿ぐり切替え布の肩を縫う。表身頃の肩縫い代は後ろ側へ、裏身頃の肩縫い代は前側へ倒す。衿ぐり切替え布の肩縫い代は割る。
4　表布、裏布とも身頃に衿ぐり切替え布をつける。→図
5　衿ぐりを縫う。→図
6　袖ぐりを縫う。→図
7　表布と裏布の脇を続けて縫う。→図
8　袖ぐりにステッチをかける。→図
9　前身頃ポケット口布の下端を縫う。→図
〈スカート作り〉
10　表布、裏布とも前スカートに袋布をつける。→図
11　表布、裏布ともスカートの脇を縫い、縫い代を割る。
〈身頃とスカートを合わせる〉
12　身頃とスカートを縫い合わせてポケットを作る。→図
13　スカートの裾を縫う。→図
14　ボタンをつける。後ろあきの右身頃側につけたループ位置に合わせて、左後ろ衿ぐり切替え布の両面にボタンをつける。

裁合せ図

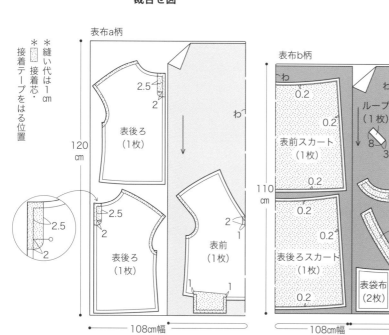
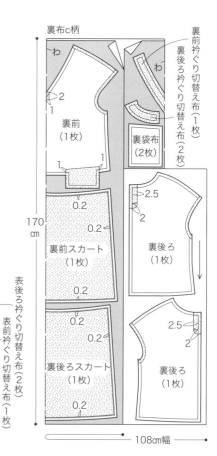

縫い方順序

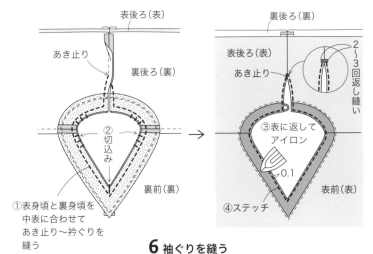

3　5　14

6
•
8

7

9

10　12

11

13

14　1

2

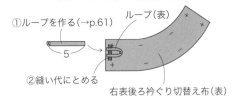

1 ループを作って仮どめする

①ループを作る（→p.61）

ループ（表）

5

②縫い代にとめる

右表後ろ衿ぐり切替え布（表）

4 表布、裏布とも身頃に衿ぐり切替え布をつける

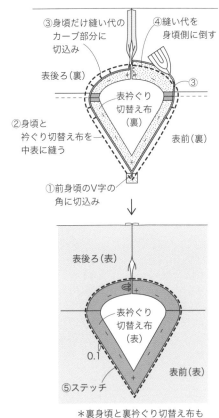

③身頃だけ縫い代の
カーブ部分に
切込み

④縫い代を
身頃側に倒す

表後ろ（裏）

③

表衿ぐり
切替え布
（裏）

②身頃と
衿ぐり切替え布を
中表に縫う

表前（裏）

①前身頃のV字の
角に切込み

表後ろ（表）

表衿ぐり
切替え布
（表）

0.1

表前（表）

⑤ステッチ

＊裏身頃と裏衿ぐり切替え布も
同様に縫う

5 衿ぐりを縫う

表後ろ（表）

あき止り

裏後ろ（裏）

②切込み

裏前（裏）

①表身頃と裏身頃を
中表に合わせて
あき止り〜衿ぐりを
縫う

裏後ろ（裏）

表後ろ（表）

あき止り

2〜3回返し縫い

③表に返して
アイロン

0.1

表前（表）

④ステッチ

6 袖ぐりを縫う

裏後ろ
（裏）

表後ろ（表）

表前（表）

裏前
（裏）

外表になっている表身頃と裏身頃の袖ぐりを、間から手を
入れてつまむようにして中表に合わせて引き出して縫う。
次に縫い代に切込みを入れて表に返し、アイロンで整える。
もう一方の袖ぐりも同様に縫う。

7 表布と裏布の脇を続けて縫う

表後ろ（表）

表身頃と裏身頃の脇を続けて縫う。
縫い代は割り、表に返して整える。

中表

表前（裏）

脇

中表

脇

裏前（裏）

裏後ろ（表）

8 袖ぐりにステッチをかける
9 前身頃ポケット口布の下端を縫う

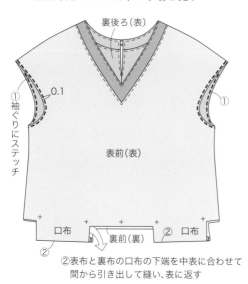

裏後ろ(表)

①袖ぐりにステッチ

0.1

①

表前(表)

口布　　口布

②　裏前(裏)　②

②

②表布と裏布の口布の下端を中表に合わせて
間から引き出して縫い、表に返す

10 表布、裏布とも前スカートに袋布をつける

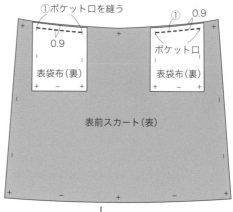

①ポケット口を縫う

①　0.9

0.9

ポケット口

表袋布(裏)　　表袋布(裏)

表前スカート(表)

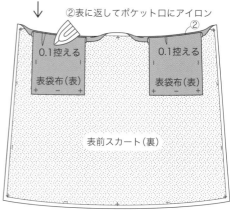

②表に返してポケット口にアイロン

②

0.1控える　　　　0.1控える

表袋布(表)　　　表袋布(表)

表前スカート(裏)

＊裏前スカートと裏袋布も同様に縫う

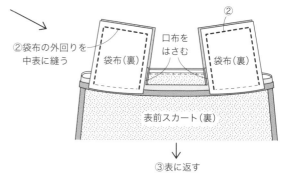

②袋布の外回りを
中表に縫う

口布を
はさむ

②

袋布(裏)　　袋布(裏)

表前スカート(裏)

③表に返す

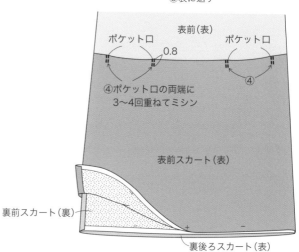

表前(表)

ポケット口　　0.8　　　ポケット口

④ポケット口の両端に
3〜4回重ねてミシン

④

表前スカート(表)

裏前スカート(裏)

裏後ろスカート(表)

12 身頃とスカートを縫い合わせてポケットを作る

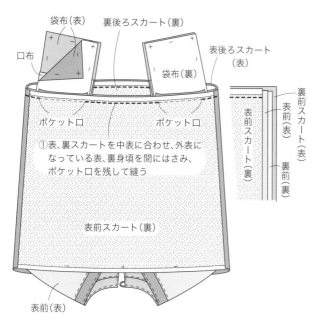

袋布(表)　　裏後ろスカート(裏)

口布　　　　　　　表後ろスカート(表)

袋布(裏)

ポケット口　　　　ポケット口

①表、裏スカートを中表に合わせ、外表に
なっている表、裏身頃を間にはさみ、
ポケット口を残して縫う

裏前スカート(表)

表前スカート(表)

裏前(裏)

表前スカート(裏)

表前(表)

13 スカートの裾を縫う

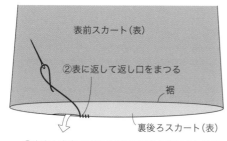

表前スカート(表)

②表に返して返し口をまつる

裾

裏後ろスカート(表)

①表布と裏布の間から2枚の裾を中表に合わせて
引き出して、返し口を10cmくらい残して縫う

スタンドカラーワンピース リバーシブル　p.26

★出来上り寸法

S … バスト99cm　着丈106.5cm　袖丈51.5cm
M … バスト103cm　着丈106.5cm　袖丈51.7cm
L … バスト107cm　着丈106.5cm　袖丈51.9cm

★パターン（2面）

I 前身頃　I 後ろ身頃　I ヨーク　I 前後スカート　I 袖　I 衿

★材料

表布a柄：Heidi Meadow（ハイディ・メドゥ／CE）＝108cm幅2m80cm
裏布b柄：Heidi Meadow（ハイディ・メドゥ／ZE）＝108cm幅3m
薄手接着芯＝50×15cm
接着テープ：ストレートタイプ＝0.9cm幅45cm

★作り方のポイント

・表布と裏布でリバーシブル仕立てにする。
スカートは表布より、裏布の丈を少し長く
し、表布と裏布の裾はそれぞれ三つ折りに
して始末し、ふらせて仕上げる。
・袖口は裏布の袖口を表布側に折り出し、
別布のカフスをつけたような仕立てにする。

★準備

・衿の裏面に接着芯をはる。
・表前身頃のスラッシュあきの縫い代裏面
に接着テープをはる。
・表、裏スカートの脇縫い代にロックミシ
ン（またはジグザグミシン）をかける。

★縫い方順序

〈身頃作り〉

1 表布、裏布とも後ろ身頃のタックをた
たみ、ヨークと縫い合わせる。→図
2 表布、裏布とも肩を縫う。縫い代はそれ
ぞれヨーク側に倒しステッチをかける。
3 表布、裏布とも身頃に袖をつける。縫
い代は袖側に倒してアイロンで整える。
4 袖口を縫う。→図
5 表布と裏布の脇〜袖下を続けて縫う。
→図

〈スカート作り〉

6 表布、裏布とも脇を縫う。縫い代は割る。
7 表布、裏布とも裾を始末する。→図
8 表布、裏布を重ねてタックをたたむ。
→図

〈身頃とスカートを合わせる〉

9 身頃とスカートのウエストを縫う。→図
10 前あきを縫う。→図
11 衿を作る。→図
12 衿をつける。→図

裁合せ図

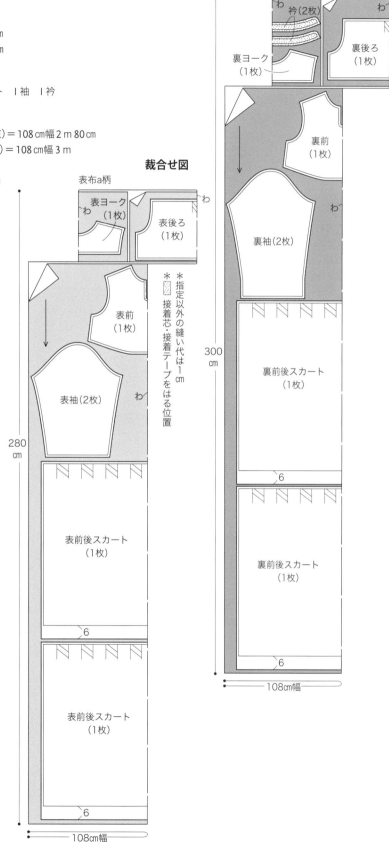

縫い方順序

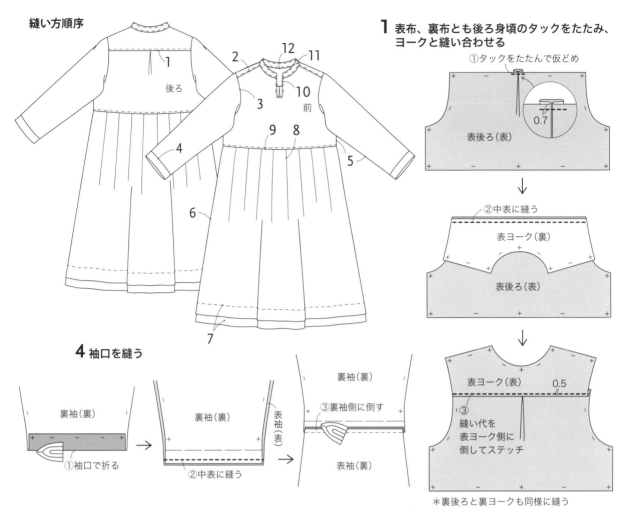

1 表布、裏布とも後ろ身頃のタックをたたみ、
ヨークと縫い合わせる

①タックをたたんで仮どめ

0.7

表後ろ（表）

②中表に縫う

表ヨーク（裏）

表後ろ（表）

表ヨーク（表）　0.5

③
縫い代を
表ヨーク側に
倒してステッチ

＊裏後ろと裏ヨークも同様に縫う

4 袖口を縫う

裏袖（裏）

①袖口で折る

裏袖（裏）　　表袖（表）

②中表に縫う

裏袖（裏）

③裏袖側に倒す

表袖（裏）

5 表布と裏布の脇～袖下を続けて縫う

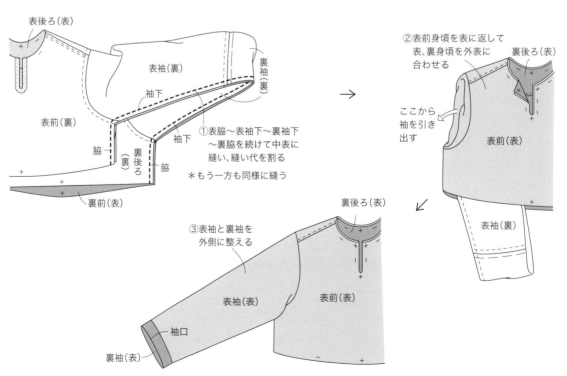

表後ろ（表）

表袖（裏）

裏袖（裏）

袖下

表前（裏）

袖下

脇

裏後ろ（裏）

脇

裏前（表）

①表脇～表袖下～裏袖下
～裏脇を続けて中表に
縫い、縫い代を割る

＊もう一方も同様に縫う

②表前身頃を表に返して
表、身頃を外表に
合わせる

裏後ろ（表）

ここから
袖を引き
出す

表前（表）

表袖（裏）

③表袖と裏袖を
外側に整える

裏後ろ（表）

表袖（表）

表前（表）

袖口

裏袖（表）

7 表布、裏布とも裾を始末する

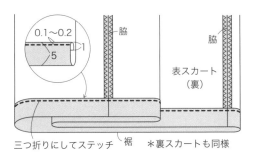

0.1〜0.2
5
1
脇
脇
表スカート（裏）
三つ折りにしてステッチ
裾
＊裏スカートも同様

8 表布、裏布のスカートを重ねてタックをたたむ

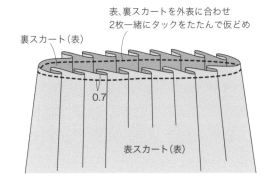

表、裏スカートを外表に合わせ
2枚一緒にタックをたたんで仮どめ
裏スカート（表）
0.7
表スカート（表）

9 身頃とスカートのウエストを縫う

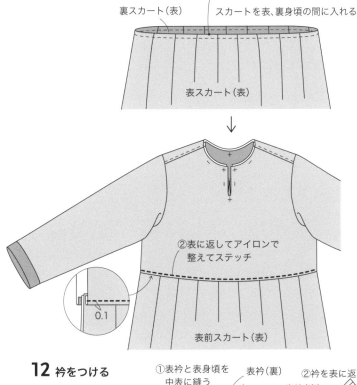

①前身頃の表、裏布（中表）の間に
スカートをはさみ込んだウエストを
前衿ぐりの間から少しずつ
引き出しながら
前ウエストを縫う

表身頃（裏）
裏身頃（表）
裏スカート（裏）
表スカート（表）

②①と同じ要領で後ろ衿ぐり
の間から後ろのウエストを
少しずつ引き出しながら縫う

表袖（表）
表前（表）

裏スカート（表）
スカートを表、裏身頃の間に入れる

表スカート（表）

②表に返してアイロンで
整えてステッチ

0.1

表前スカート（表）

10 前あきを縫う

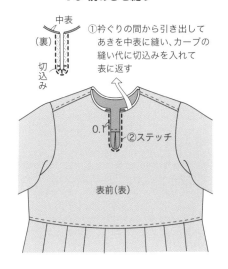

中表
（裏）
切込み

①衿ぐりの間から引き出して
あきを中表に縫い、カーブの
縫い代に切込みを入れて
表に返す

0.1
②ステッチ
表前（表）

11 衿を作る

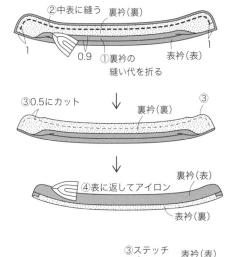

②中表に縫う
裏衿（裏）
1
0.9
①裏衿の
縫い代を折る
表衿（表）
1

③0.5にカット
裏衿（裏）
③

④表に返してアイロン
裏衿（表）
表衿（裏）

12 衿をつける

①表衿と表身頃を
中表に縫う
表衿（裏）
前あき
裏後ろ（裏）
表前（表）

②衿を表に返してアイロン
表衿（表）
裏衿（裏）
前あき
表前（表）

③ステッチ
表衿（表）
0.1
表前（表）

59

ギャザープルオーバー リバーシブル p.22

★出来上り寸法
S … バスト100cm 着丈60.5cm ゆき丈約62.5cm
M … バスト104cm 着丈60.5cm ゆき丈約63.5cm
L … バスト108cm 着丈60.5cm ゆき丈約64.5cm

★パターン（4面）
G前身頃　G後ろ身頃　G袖
＊裾フリル、袖口フリルは製図の寸法でパターンを作る。
＊ループは裁合せ図b柄の寸法で直接布を裁断する。

★材料
表布a柄：Small Susanna（スモール・スザンナ／AE）=
　　　　　108cm幅1m70cm
裏布b柄：Small Sus（スモール・サス／XE）= 108cm幅1m90cm
接着テープ：バイアスタイプ（衿ぐり用）= 0.9cm幅70cm
　　　　　　ストレートタイプ（後ろあき用）= 0.9cm幅40cm
ボタン=直径1cm2個

★作り方のポイント
・表布と裏布でリバーシブル仕立てにする。

★準備
・表布、裏布とも後ろあきの裏面にストレートタイプの接着テープをはる。表布の身頃と袖の衿ぐり縫い代の裏面にはバイアスタイプの接着テープをはる。
・表裾フリルと裏裾フリルの脇、表袖口フリルと裏袖口フリルの袖下にロックミシン（またはジグザグミシン）をかける。

★縫い方順序
1 表布、裏布とも前身頃のダーツを縫う。縫い代は中心側に倒す。
2 ループを作り、仮どめする。→図
3 フリルを作る。→図
4 袖を作る。→図
5 脇を縫う。表布、裏布とも前後身頃を中表に合わせて両脇を縫うが、このとき裏布は左脇に返し口を10cmぐらい縫い残す。縫い代は割る。
6 身頃の裾にフリルをつける。袖口フリルつけと同じ要領で、表身頃と裏身頃の裾を中表に合わせ、間に裾フリルをはさみ（表身頃と表裾フリルが中表になるようにはさむ）、4枚一緒に縫う。次に表に返して表裏身頃を外表に整え、身頃の下端にステッチをかける。
7 袖をつける。→図
8 後ろあき、衿ぐりを縫う。→図
9 ボタンをつける。後ろあきは右側のループに合わせて、左後ろ端にボタンをつける。ボタンは両面につける。

製図

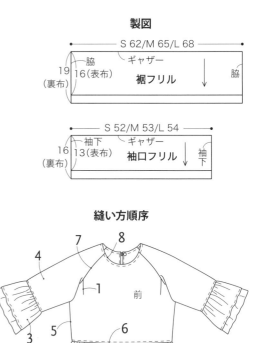

S 62/M 65/L 68
脇　ギャザー　脇
19 16（表布）裾フリル
（裏布）

S 52/M 53/L 54
袖下　ギャザー　袖下
16 13（表布）袖口フリル
（裏布）

縫い方順序

裁合せ図

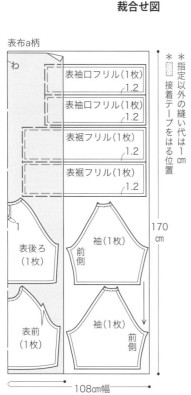

表布a柄
わ
表袖口フリル（1枚） 1.2
表袖口フリル（1枚） 1.2
表裾フリル（1枚） 1.2
表裾フリル（1枚） 1.2
表後ろ（1枚）　袖（1枚）前側
表前（1枚）　袖（1枚）前側
1
170cm
108cm幅

裏布b柄
わ
裏袖口フリル（1枚） 5
裏袖口フリル（1枚） 5
裏裾フリル（1枚） 5
裏裾フリル（1枚） 5
ループ（1枚） 7 3
裏後ろ（1枚）　裏袖（1枚）前側
裏前（1枚）　裏袖（1枚）前側
190cm
108cm幅

※ 指定以外の縫い代は1cm
※ 接着テープをはる位置

前
後ろ

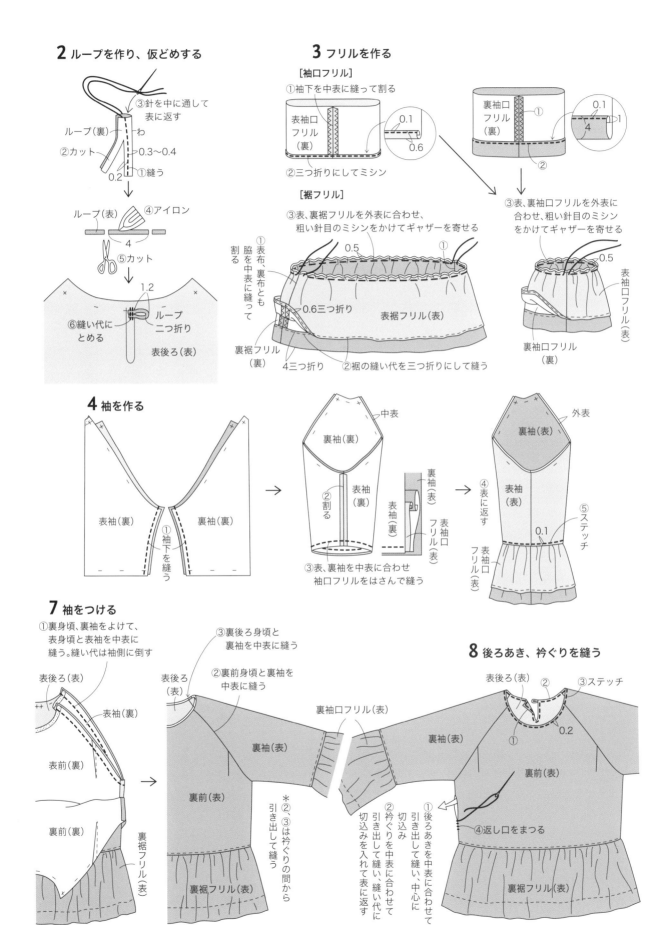

2 ループを作り、仮どめする

③針を中に通して
表に返す

ループ(裏)　わ
②カット　　0.3〜0.4
　　　　　　①縫う
0.2

ループ(表)　④アイロン
4
⑤カット

1.2
⑥縫い代に
とめる　　ループ
　　　　　二つ折り
表後ろ(表)

3 フリルを作る

[袖口フリル]

①袖下を中表に縫って割る

表袖口
フリル
(裏)　　0.1
　　　　　0.6
②三つ折りにしてミシン

裏袖口
フリル
(裏)　①
　　　0.1
　　　1
②　　4

③表、裏袖口フリルを外表に
合わせ、粗い針目のミシンをかけてギャザーを寄せる

[裾フリル]

③表、裏裾フリルを外表に合わせ、
　粗い針目のミシンをかけてギャザーを寄せる

①表布、裏布とも
脇を中表に縫って
割る

0.5　①
0.6三つ折り
表裾フリル(表)
裏裾フリル
(裏)
4三つ折り
②裾の縫い代を三つ折りにして縫う

0.5
表袖口
フリル
(表)
裏袖口
フリル
(裏)

4 袖を作る

表袖(裏)　　裏袖(裏)
①袖下を縫う

中表
裏袖(裏)
②割る
表袖(裏)
③表、裏袖を中表に合わせ
袖口フリルをはさんで縫う

裏袖(表)
表袖(裏)
表袖口
フリル
(表)

外表
裏袖(表)
表袖(表)
④表に返す
⑤ステッチ
0.1
表袖口
フリル
(表)

7 袖をつける

①裏身頃、裏袖をよけて、
　表身頃と表袖を中表に
　縫う。縫い代は袖側に倒す

表後ろ(表)
表袖(裏)
表前(裏)
裏前(裏)
裏裾フリル(表)

③裏後ろ身頃と
裏袖を中表に縫う
②裏前身頃と裏袖を
中表に縫う

表後ろ
(表)
裏袖(表)
裏前(表)
裏袖口フリル(表)
裏裾フリル(表)
＊②、③は衿ぐりの間から
引き出して縫う

8 後ろあき、衿ぐりを縫う

表後ろ(表)　②　③ステッチ
①　0.2
裏袖(表)
裏前(表)
④返し口をまつる
裏裾フリル(表)

①後ろあきを中表に合わせて
引き出して縫い、中心に
切込み
②衿ぐりを中表に合わせて
引き出して縫い、縫い代に
切込みを入れて表に返す

61

ポンチョ&マフラー リバーシブル p.24

★ 出来上り寸法（フリーサイズ）
ポンチョ：着丈66.5cm　ゆき丈約56cm
マフラー：幅16cm　長さ100cm

★ パターン（2面）
H前身頃　H後ろ身頃　Hマフラー

★ 材料
表布：Folk Tails（フォーク・テールズ／21AT）＝108cm幅2m
裏布：フラノ＝140cm幅1m50cm
薄手キルトわた（マフラー用）＝105×35cm
接着テープ：ストレートタイプ＝0.9cm幅1m10cm
　　　　　　バイアスタイプ＝0.9cm幅60cm
グログランリボン＝3cm幅5m10cm
ボタン＝直径3cm6個

★ 作り方のポイント
・ポンチョ、マフラーともリバティプリント（表布）とフラノ（裏布）でリバーシブル仕立てにする。マフラーは間にキルトわたをはさんで仕立てる。

★ 準備
・表布の衿ぐり縫い代の裏面にバイアスタイプの接着テープを、表布の前端縫い代の裏面にストレートタイプの接着テープをはる。

★ 縫い方順序
1 表布、裏布とも肩を縫う。→図
2 表布と裏布を縫い合わせる。→図
3 ボタンホールを作る。右前身頃の前端上側と前身頃の両脇にボタンホールを作る。
4 衿ぐり～前端にグログランリボンをつける。→図
5 ボタンをつける。左前身頃の前端上側と後ろ身頃の両脇にそれぞれ表布側、裏布側の両面にボタンをつける。
6 マフラーを作る。→図

縫い方順序

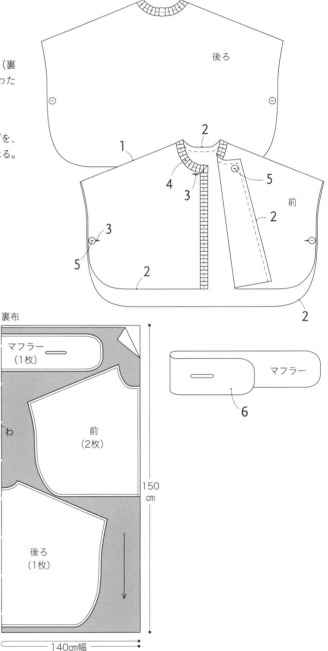

裁合せ図

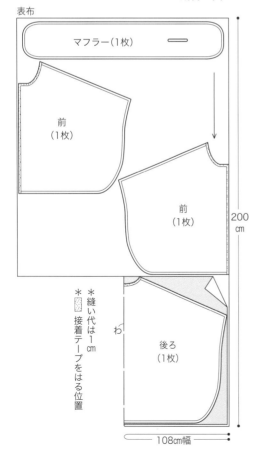

1 表布、裏布とも肩を縫う

2 表布と裏布を縫い合わせる

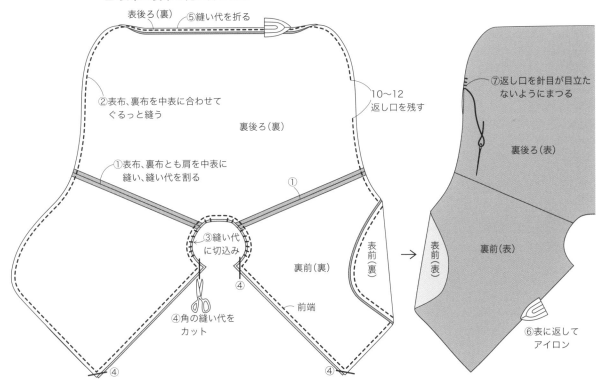

表後ろ(裏) ⑤縫い代を折る

②表布、裏布を中表に合わせて
ぐるっと縫う

裏後ろ(裏)

①表布、裏布とも肩を中表に
縫い、縫い代を割る

①

10〜12
返し口を残す

③縫い代
に切込み

裏前(裏)

表前(裏)

前端

④角の縫い代を
カット

④

④

⑦返し口を針目が目立た
ないようにまつる

裏後ろ(表)

表前(表)

裏前(表)

⑥表に返して
アイロン

4 衿ぐり〜前端にグログランリボンをつける

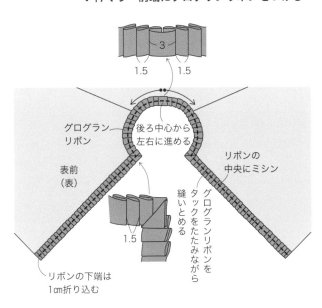

3

1.5   1.5

グログラン
リボン

後ろ中心から
左右に進める

表前
(表)

リボンの
中央にミシン

グログランリボンを
タックをたたみながら
縫いとめる

1.5

リボンの下端は
1cm折り込む

6 マフラーを作る

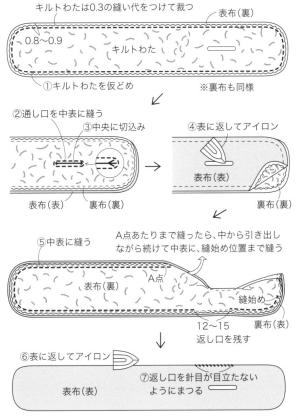

キルトわたは0.3の縫い代をつけて裁つ

表布(裏)

0.8〜0.9   キルトわた

①キルトわたを仮どめ   ※裏布も同様

②通し口を中表に縫う

③中央に切込み

④表に返してアイロン

表布(表)   裏布(裏)   表布(表)   裏布(裏)

⑤中表に縫う

A点あたりまで縫ったら、中から引き出し
ながら続けて中表に、縫始め位置まで縫う

表布(裏)   A点

縫始め

12〜15   裏布(裏)
返し口を残す

⑥表に返してアイロン

⑦返し口を針目が目立たない
ようにまつる

表布(表)

わた入りベスト リバーシブル　p.28

★出来上り寸法
S … バスト104cm　着丈58.5cm
M … バスト108cm　着丈58.5cm
L … バスト112cm　着丈58.5cm

★パターン（1面）
J 前身頃　J 後ろ身頃　J 衿　J ポケット
＊袖ぐり用パイピング布、衿〜前端〜裾用パイピング布は、
裁合せ図a柄の寸法で直接布を裁断する。

★材料
表布a柄：Strawberry Thief（ストロベリー・シーフ／YE）＝
　　　　108cm幅1m40cm
裏布b柄：Felix and Isabelle（フェリックス・アンド・イザベル／XE）＝
　　　　108cm幅1m40cm
キルトわた＝130cm幅80cm
薄手接着芯＝15×50cm
ドットボタン＝直径1.3cm6組み

★準備
・表布、裏布とも前身頃、衿のボタン位置裏面に接着芯をはる。

★縫い方順序
1 表布、裏布ともポケットを作ってつける。→図
2 キルトわたを仮どめする。→図
3 肩、脇を縫う。→図
4 衿をつける。→図
5 袖ぐりのパイピングをする。→図
6 裾〜前端〜衿外回りにパイピングをする。衿ぐり用パイピング布をはぎ合わせて（→p.73-6①）1本にし、袖ぐりと同じ要領でぐるっとパイピングをする。
7 前端にドットボタンをつける。右前端に凹ボタン、左前端に凸ボタンをつける。

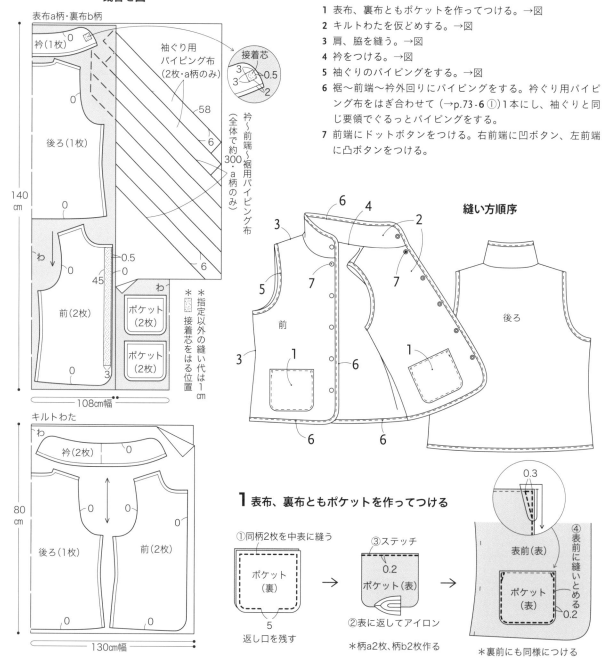

裁合せ図

縫い方順序

1 表布、裏布ともポケットを作ってつける

2 キルトわたを仮どめする

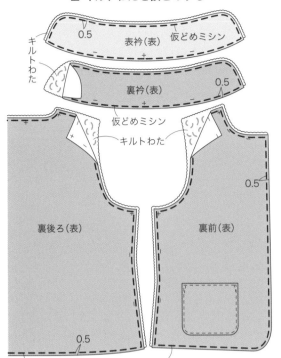

キルトわた

0.5
表衿(表)
仮どめミシン

裏衿(表)
0.5
仮どめミシン
キルトわた

0.5

裏後ろ(表)
裏前(表)

0.5

裏布の各パーツと表衿の裏面にキルトわたを合わせて仮どめミシン

3 肩、脇を縫う

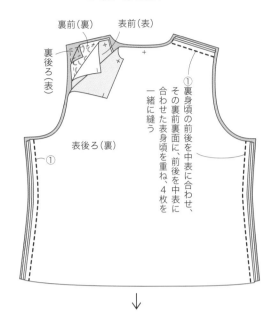

裏前(裏)　表前(表)

裏後ろ(表)

表後ろ(裏)

①

①裏身頃の前後を中表に合わせ、その裏前裏面に、前後を中表に合わせた表身頃を重ね、4枚を一緒に縫う

②表に返してアイロン　裏後ろ(表)

③

③

表後ろ

表前

0.7

裏前

②

②仮どめミシン

0.7

表前(表)

4 衿をつける

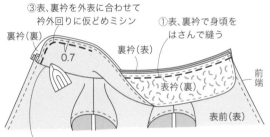

③表、裏衿を外表に合わせて衿外回りに仮どめミシン

①表、裏衿で身頃をはさんで縫う

裏衿(裏)

0.7

裏衿(表)

表衿(裏)

前端

表前(表)

②衿を表に返してアイロン

5 袖ぐりのパイピングをする

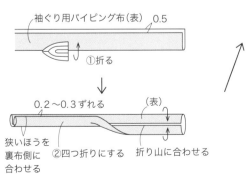

袖ぐり用パイピング布(表)　0.5

①折る

0.2～0.3ずれる　(表)

狭いほうを裏布側に合わせる

②四つ折りにする　折り山に合わせる

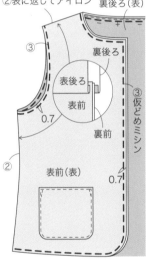

パイピング布(裏)

③狭いほうの折り山を開いて折り山にミシン

裏前(表)

5残す

2重ねて余分をカット

脇

④パイピング布の端を中表にして1cmの縫い代で縫い、割る

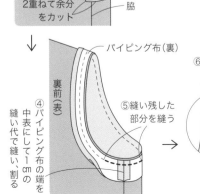

パイピング布(裏)

裏前(表)

⑤縫い残した部分を縫う

⑥パイピング布でくるんで縫う

表前(表)

0.2

パイピング布(表)

ワイドパンツ リバーシブル p.30

★出来上り寸法
S … ウエスト66cm　ヒップ109cm　パンツ丈101cm
M … ウエスト70cm　ヒップ113cm　パンツ丈101cm
L … ウエスト74cm　ヒップ117cm　パンツ丈101cm

★パターン（3面）
K前パンツ　K後ろパンツ　K前ウエストベルト
K後ろウエストベルト　K後ろポケット　K口布　K袋布

★材料
表布：起毛リネン＝140cm幅2m
裏布：Swedish Meadow（スウェディッシュ・メドゥ／21AT）＝
　　　108cm幅2m20cm
接着ベルト芯＝4cm幅S21cm／M22cm／L23cm
接着テープ：ストレートタイプ＝0.9cm幅40cm
ゴムテープ＝3cm幅S47cm／M50cm／L53cm

★作り方のポイント
・表布（リネン）と裏布（リバティプリント）でリバーシブル仕立
てにする。
・ポケットは表布だけに作る。

★準備
・表布の前ウエストベルトの裏面に
接着ベルト芯をはる。
・表前パンツのポケット口縫い代の
裏面に、接着テープをはる。
・表前パンツと表後ろパンツの脇、
口布の脇、後ろポケットのポケット
口以外の縫い代にロックミシン（ま
たはジグザグミシン）をかける。

★縫い方順序

〈表パンツ〉
1 後ろパンツのダーツを縫う。縫い代は中心側へ倒す。
2 後ろポケットを作ってつける。→図
3 脇を縫い、ポケットを作る。→図
4 股下を縫う。縫い代は2枚一緒にロックミシンをかけて前側
　に倒す。
5 裾の始末をする。→図
6 股ぐりを縫う。→図

〈裏パンツ〉
7 後ろパンツのダーツを縫う。縫い代は脇側に倒す。
8 脇を縫う。縫い代は2枚一緒にロックミシンをかけて後ろ側
　に倒す。
9 股下を縫う。縫い代は2枚一緒にロックミシンをかけて前側
　に倒す。
10 裾の始末をする。裾縫い代を2cm幅の完全三つ折りにしてス
　テッチをかける。
11 股ぐりを縫う。→6と同じ

〈表パンツと裏パンツを合わせる〉
12 ウエストベルトを作る。→図
13 ウエストベルトをつけ、ゴムテープを通す。→図
14 股ぐりの底にステッチをかける。→図

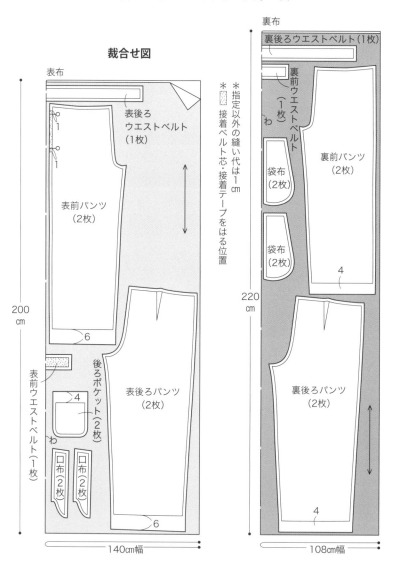

裁合せ図

縫い方順序

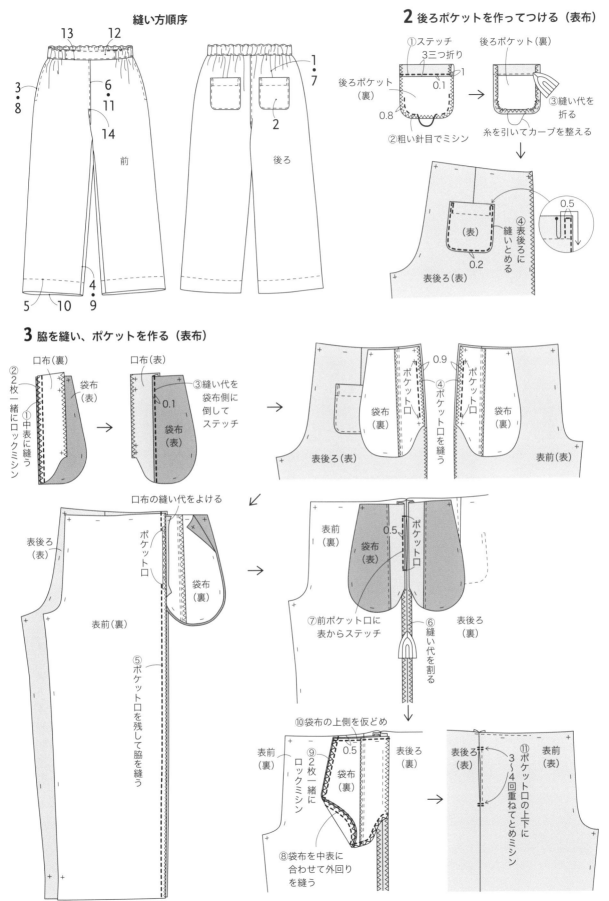

2 後ろポケットを作ってつける（表布）

①ステッチ
3三つ折り
後ろポケット（裏）
1
後ろポケット（裏）
0.1
0.8
②粗い針目でミシン
③縫い代を折る
糸を引いてカーブを整える

0.5
（表）
0.2
④表後ろに縫いとめる
表後ろ（表）

3 脇を縫い、ポケットを作る（表布）

口布（裏）
②2枚一緒にロックミシン
①中表に縫う
袋布（表）
口布（表）
0.1
袋布（表）
③縫い代を袋布側に倒してステッチ

0.9
ポケット口
袋布（裏）
④ポケット口を縫う
ポケット口
袋布（裏）
表後ろ（表）
表前（表）

口布の縫い代をよける
ポケット口
表後ろ（表）
袋布（裏）
表前（裏）
⑤ポケット口を残して脇を縫う

表前（裏）
0.5
ポケット口
袋布（表）
⑦前ポケット口に表からステッチ
⑥縫い代を割る
表後ろ（裏）

⑩袋布の上側を仮どめ
表前（裏）
0.5
⑨2枚一緒にロックミシン
袋布（裏）
表後ろ（裏）
⑧袋布を中表に合わせて外回りを縫う

表後ろ（表）
⑪ポケット口の上下に3〜4回重ねてとめミシン
表前（表）

67

5 裾の始末をする（表布）

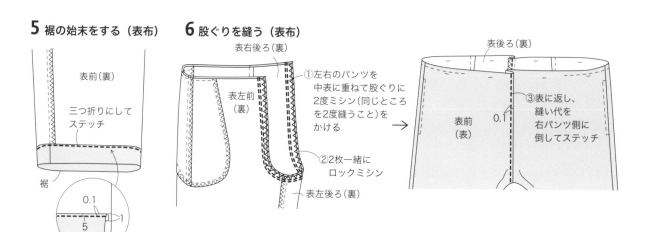

表前（裏）

三つ折りにして
ステッチ

裾

0.1
5
1

6 股ぐりを縫う（表布）

表右後ろ（裏）

表左前
（裏）

①左右のパンツを
中表に重ねて股ぐりに
2度ミシン（同じところ
を2度縫うこと）を
かける

②2枚一緒に
ロックミシン

表左後ろ（裏）

表後ろ（裏）

③表に返し、
縫い代を
右パンツ側に
倒してステッチ

表前
（表）

0.1

12 ウエストベルトを作る

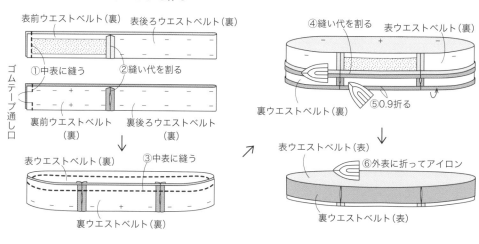

表前ウエストベルト（裏）　表後ろウエストベルト（裏）

ゴムテープ通し口

①中表に縫う　②縫い代を割る

裏前ウエストベルト
（裏）　裏後ろウエストベルト
（裏）

表ウエストベルト（裏）

③中表に縫う

裏ウエストベルト（裏）

④縫い代を割る　表ウエストベルト（裏）

裏ウエストベルト（裏）　⑤0.9折る

表ウエストベルト（表）

⑥外表に折ってアイロン

裏ウエストベルト（表）

13 ウエストベルトをつけてゴムテープを通す

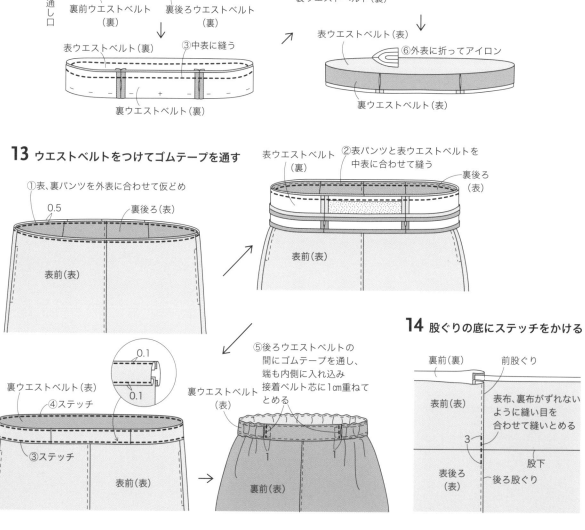

①表、裏パンツを外表に合わせて仮どめ

0.5　裏後ろ（表）

表前（表）

②表パンツと表ウエストベルトを
中表に合わせて縫う

表ウエストベルト
（裏）

裏後ろ
（表）

表前（表）

裏ウエストベルト（表）

④ステッチ

③ステッチ

表前（表）

0.1
0.1

⑤後ろウエストベルトの
間にゴムテープを通し、
端も内側に入れ込み
接着ベルト芯に1cm重ねて
とめる

裏ウエストベルト
（表）

裏前（表）

1　1

14 股ぐりの底にステッチをかける

裏前（裏）　前股ぐり

表前（表）

表布、裏布がずれない
ように縫い目を
合わせて縫いとめる

3

表後ろ
（表）

股下

後ろ股ぐり

パッチワークティアードスカート リバーシブル　p.32

★ 出来上り寸法（フリーサイズ）
ヒップ120cm　スカート丈80.5cm

★ パターン（3面）
L上段スカート　Lウエストベルト
*表中段スカート、表下段スカート、裏中段スカート、裏下段スカートは製図の寸法でパターンを作る。
*ひもは裁合せ図q柄の寸法で直接布を裁断する。

★ 材料
表布：リバティプリント24種
　　　a柄・b柄（表上段、表中段、表下段各1枚）＝各95×40cm
　　　c〜p柄（14種・表中段、表下段各1枚）＝各30×40cm
　　　q柄（表下段1枚、ウエストベルト、ひも）＝90×40cm
　　　r〜x柄（7種・表下段1枚）＝各15×40cm
裏布：綿ローン＝110cm幅2m70cm
薄手接着芯＝5×5cm
ゴムテープ＝3cm幅適宜

★ 作り方のポイント
・3段に切り替えたティアードスカート。リバティプリントをパッチワークした表布と無地の裏布でリバーシブル仕立てにする。
・表スカートのパッチワークは10cm幅のピースをはぎ合わせる。ピースには24種類の布を使っているが、配色は好みで自由に決める。また前側は黒系に、後ろ側は紺系にするなど、前後の色合いに変化をつけると違った雰囲気を楽しめる。

★ 準備
・表ウエストベルトのひも通し穴位置の裏面に、接着芯をはる。

★ 縫い方順序
〈表スカート〉
1　上段の脇を縫う。→図
2　中段のピースを縫い合わせる。→図
3　下段のピース24枚を中段と同じ要領で縫い合わせる。
〈裏スカート〉
4　上段の脇を縫う。→1と同じ
5　中段の脇を縫い、縫い代を割る。
6　下段を縫い合わせる。→図
〈表、裏スカートを縫い合わせる〉
7　下段の裾を縫う。→図
8　下段と中段を縫い合わせる。→図
9　中段と上段を8と同じ要領で縫い合わせる。
10　ウエストベルトを作る。→図
11　ウエストベルトをつける。
　　→p.68-13 ただしゴムテープは通さない。
12　ひもを作る。→図
13　ウエストベルトにゴムテープを通す。ゴムテープは試着をしてちょうどよい長さを決め、2cmの縫い代をつけてカットする。ゴムテープの端は2cm重ねて縫いとめる（→p.53-4①）。ゴムテープを通した後、ひも通し口からひもを通す。

製図

表中段スカート
（a〜p柄16種各1枚）

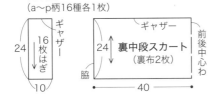

24／16枚はぎ／ギャザー／10

裏中段スカート（裏布2枚）／24／ギャザー／脇／前後中心わ／40

表下段スカート
（a〜x柄24種各1枚）

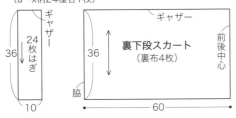

36／24枚はぎ／ギャザー／10

裏下段スカート（裏布4枚）／36／ギャザー／脇／前後中心／60

裁合せ図

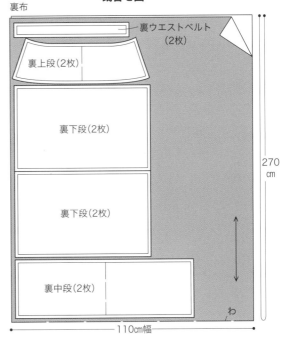

裏布
裏ウエストベルト（2枚）
裏上段（2枚）
裏下段（2枚）
裏下段（2枚）
裏中段（2枚）
270cm
わ
110cm幅

表布a柄・b柄
表下段（1枚）／表中段（1枚）／表上段（1枚）／わ／40cm
95cm

表布c〜p柄（14種）
表下段（1枚）／表中段（1枚）／40cm
30cm

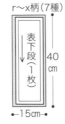

表布 r〜x柄（7種）
表下段（1枚）／40cm
15cm

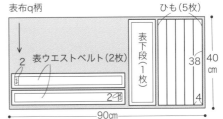

表布q柄
ひも（5枚）
2／表ウエストベルト（2枚）／表下段（1枚）／38／40cm
24／4
90cm

*＝縫い代は1cm
*▨＝接着芯をはる位置

縫い方順序

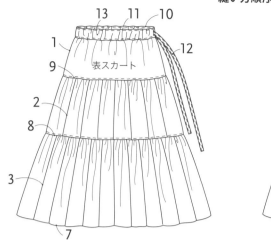
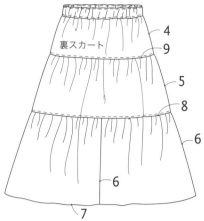

13　11　10

1

12

表スカート

9

2

8

3

7

4

9

裏スカート

5

8

6

6

7

1 上段の脇を縫う（表布）

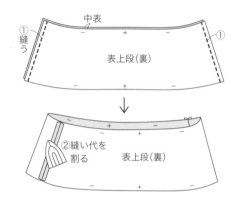

中表

①縫う

①

表上段（裏）

②縫い代を
割る　　　表上段（裏）

2 中段のピースを縫い合わせる（表布）

①中表に縫う

表中段（裏）

（表）

②縫い代を割る

（裏）

③8枚縫い合わせたものを2組み作る

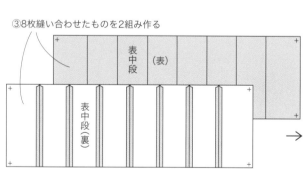

表中段

（表）

表中段（裏）

中表

④両脇を中表に縫い
縫い代を割る

表中段（裏）

④

6 下段を縫い合わせる（裏布）

（表）

裏下段（裏）

①中表に縫う
もう1組みも同様

③中表に縫い、
縫い代を割る

裏下段（裏）

②縫い代を割る

中表

③

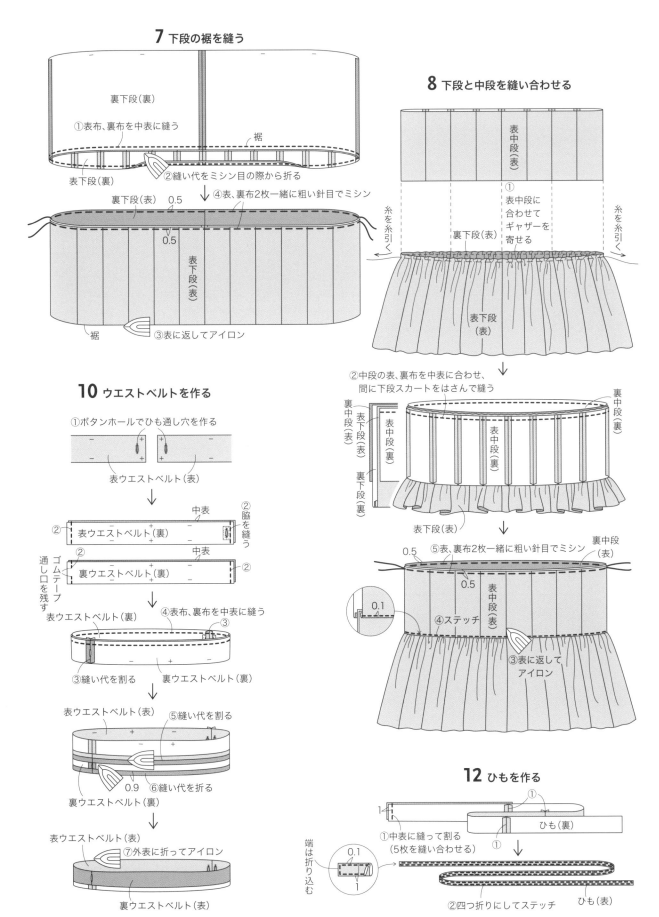

7 下段の裾を縫う

裏下段(裏)

①表布、裏布を中表に縫う

裾

表下段(裏)

②縫い代をミシン目の際から折る

④表、裏布2枚一緒に粗い針目でミシン

裏下段(表) 0.5

0.5

表下段(表)

裾

③表に返してアイロン

8 下段と中段を縫い合わせる

表中段(表)

糸を糸引く

①表中段に合わせてギャザーを寄せる

裏下段(表)

糸を糸引く

表下段(表)

②中段の表、裏布を中表に合わせ、
間に下段スカートをはさんで縫う

裏中段(裏)

裏下段(表)

表中段(表)

表下段(表)

裏中段(裏)

表中段(裏)

裏下段(裏)

表下段(表)

⑤表、裏布2枚一緒に粗い針目でミシン

裏中段(表)

0.5

0.5

0.1

表中段(表)

④ステッチ

③表に返してアイロン

10 ウエストベルトを作る

①ボタンホールでひも通し穴を作る

表ウエストベルト(表)

②脇を縫う

②　表ウエストベルト(裏)　　中表

②　裏ウエストベルト(裏)　　中表 ②

ゴムテープ通し口を残す

④表布、裏布を中表に縫う

表ウエストベルト(裏)

③

③縫い代を割る　　裏ウエストベルト(裏)

表ウエストベルト(表) ⑤縫い代を割る

0.9 ⑥縫い代を折る

裏ウエストベルト(裏)

表ウエストベルト(表)

⑦外表に折ってアイロン

裏ウエストベルト(表)

12 ひもを作る

1

①

ひも(裏)

①中表に縫って割る
(5枚を縫い合わせる)

①

端は折り込む

0.1

1

②四つ折りにしてステッチ

ひも(表)

71

フリルブラウス 　前後着用可　p.34

★出来上り寸法
S … バスト116cm　着丈52cm　袖丈約39cm
M … バスト120cm　着丈52cm　袖丈約39cm
L … バスト124cm　着丈52cm　袖丈約39cm

★パターン（4面）
M前身頃　M後ろ身頃　M袖　M袖口パイピング布　Mフリル
＊衿ぐりパイピング布は裁合せ図b柄の寸法で直接布を裁断する。

★材料
表布a柄：Bramble（ブランブル／21AT）＝108cm幅2m10cm
表布b柄：Floral Eve（フローラル・イブ／ZE）＝55×30cm
接着テープ：ストレートタイプ（後ろ肩用）＝0.9cm幅50cm
　　　　　　バイアスタイプ（衿ぐり用）＝0.9cm幅65cm
ゴムテープ＝0.8cm幅11cm

★準備
・後ろ身頃の肩縫い代の裏面に、ストレートタイプの接着テープを出来上り線に0.2cmくらいかかるようにはる。前身頃の衿ぐり、後ろ身頃の衿ぐり（ゴムテープを入れる位置を除く）の裏面に、バイアスタイプの接着テープをはる。
・袖山のギャザー位置と袖口の布端から0.5cm内側に、粗い針目でギャザー用のミシンをかける。→図
・前後の肩縫い代にロックミシン（またはジグザグミシン）をかける。

★縫い方順序
1 肩を縫う。縫い代は割る。
2 袖をつける。袖山の粗ミシンの糸を引いてギャザーを寄せ、身頃の袖ぐりと中表に合わせて縫う。縫い代は2枚一緒にロックミシンで始末し、身頃側に倒す。
3 袖下～脇を続けて縫う。→図
4 裾の縫い代を0.5cm幅の三つ折りにしてステッチをかける。
5 フリルを作り、前中心を縫う。→図
6 衿ぐりのパイピングをする。→図
7 袖口のパイピングをする。→p.51-4

裁合せ図
表布a柄

前
側
袖（1枚）
0

前
側
袖（1枚）
0

わ
＊指定以外の縫い代は1cm
＊ 接着テープをはる位置

0
前（2枚）
0
フリル（1枚）

後ろ（1枚）
フリル（1枚）

210cm

108cm幅

表布b柄
40
5
衿ぐりパイピング布（2枚）
55cm
袖口パイピング布（2枚）
30cm

縫い方順序

後ろ

1
2
6
5
前
3
7
4

準備：ギャザー用のミシンをかける

0.5
合い印　合い印
袖（表）
粗い針目でミシン
0.5

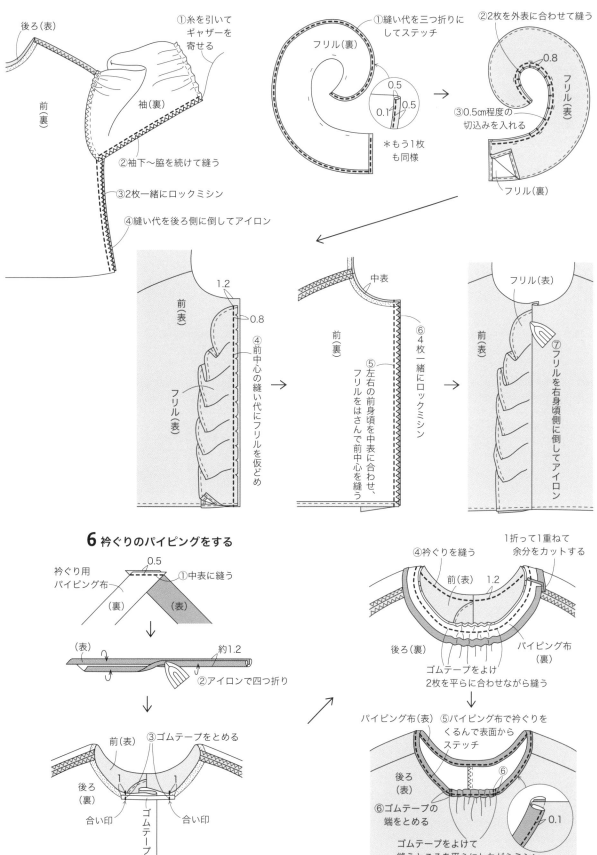

3 袖下～脇を続けて縫う

後ろ（表）

①糸を引いて
ギャザーを
寄せる

袖（裏）

前（裏）

②袖下～脇を続けて縫う

③2枚一緒にロックミシン

④縫い代を後ろ側に倒してアイロン

5 フリルを作り、前中心を縫う

①縫い代を三つ折りにしてステッチ

フリル（裏）

0.5
0.1 0.5

②2枚を外表に合わせて縫う

0.8

フリル（表）

③0.5cm程度の切込みを入れる

＊もう1枚も同様

フリル（裏）

前（表）

1.2
0.8

フリル（表）

④前中心の縫い代にフリルを仮どめ

中表

前（裏）

⑤左右の前身頃を中表に合わせ、フリルをはさんで前中心を縫う

⑥4枚一緒にロックミシン

フリル（表）

前（表）

⑦フリルを右身頃側に倒してアイロン

6 衿ぐりのパイピングをする

衿ぐり用
パイピング布

0.5
①中表に縫う

（裏）

（表）

（表）

約1.2

②アイロンで四つ折り

前（表）

③ゴムテープをとめる

後ろ（裏）

1

1

合い印

合い印

ゴムテープ

④衿ぐりを縫う

1折って1重ねて余分をカットする

前（表）

1.2

後ろ（裏）

ゴムテープをよけ
2枚を平らに合わせながら縫う

パイピング布
（裏）

パイピング布（表）

⑤パイピング布で衿ぐりをくるんで表面からステッチ

後ろ（表）

⑥

⑥ゴムテープの端をとめる

0.1

ゴムテープをよけて
縫うところを平らにしながらミシン

ラグランコート リバーシブル　p.36

★ 出来上り寸法
S … バスト98cm　着丈102cm　ゆき丈約62cm
M … バスト102cm　着丈102cm　ゆき丈約62.5cm
L … バスト106cm　着丈102cm　ゆき丈約63cm

★ パターン（1面）
N前身頃　N後ろ身頃　N袖　N袋布　N口布・仕切り布

★ 材料
表布：Stately Bouquet（ステイトリィ・ブーケ／21AT）＝
　　　108cm幅2m80cm
裏布：タイプライタークロス＝110cm幅2m80cm
薄手接着芯＝90cm幅4m10cm
ボタン：表布用＝直径3.2cm4個
　　　　裏布用＝直径3cm4個

★ 作り方のポイント
・表布と裏布でリバーシブル仕立てにする。脇縫い
目に作るポケットは、表布側からも裏布側からも使
えるように作る。

★ 準備
・表布は前身頃、後ろ身頃、袖の裏面全面に接着芯
をはり、前身頃にはさらに前端側に増し芯を重ねて
はる。→表布裁合せ図
・裏布の前身頃は前端と裾に、後ろ身頃は衿ぐりと
裾に、袖は衿ぐりと袖口に、それぞれ裏面に接着芯
をはる。→裏布裁合せ図
・接着芯は0.2cmの縫い代をつけて裁つ。
・接着芯のはり方ポイントはp.52を参照。

★ 縫い方順序
〈表布〉
1 前身頃のダーツを縫う。→図
2 袖を作る。→図
3 身頃に袋布、仕切り布をつける。→図
4 脇を縫う。→図
5 袖をつける。→図
〈裏布〉
6 前身頃のダーツを縫う。→1と同じ
7 袖を作る。→2と同じ
8 身頃に袋布、仕切り布をつける。→3と同じ
9 脇を縫う。→4と同じ
10 袖をつける。→5と同じ
〈表布と裏布を合わせる〉
11 前端～衿ぐり、袖口を縫う。→図
12 ポケットを仕上げる。→図
13 裾を縫う。→図
14 ボタンホールを作り、ボタンをつける。右前端
　にボタンホールを作り、左前端にボタンをつけ
　る。ボタンは表布側、裏布側の両面につける。

裁合せ図

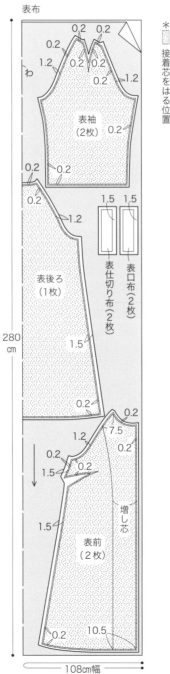

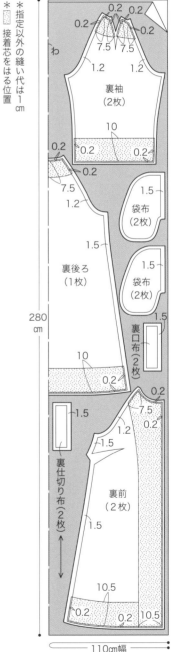

縫い方順序

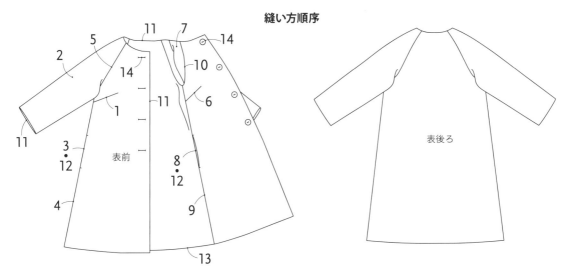

1 前身頃のダーツを縫う（表布）

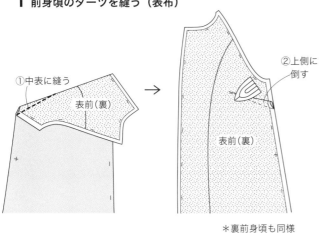

①中表に縫う
表前（裏）
②上側に倒す
表前（裏）
＊裏前身頃も同様

2 袖を作る（表布）

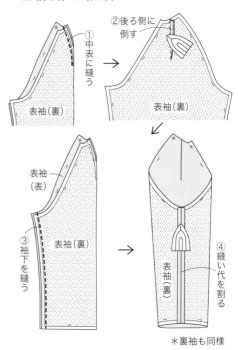

②後ろ側に倒す
①中表に縫う
表袖（裏）
表袖（表）
③袖下を縫う
表袖（裏）
表袖（裏）
④縫い代を割る
＊裏袖も同様

3 身頃に袋布、仕切り布をつける（表布）

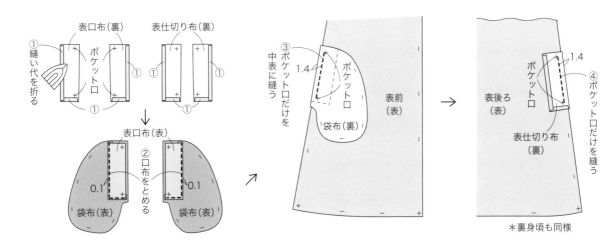

表口布（裏）
表仕切り布（裏）
①縫い代を折る
ポケット口
①
①
①
表口布（表）
②口布をとめる
0.1
0.1
袋布（表）
袋布（表）
③ポケット口だけを中表に縫う
1.4
ポケット口
表前（表）
袋布（裏）
表後ろ（表）
ポケット口
1.4
④ポケット口だけを縫う
表仕切り布（裏）
＊裏身頃も同様

4 脇を縫う（表布）

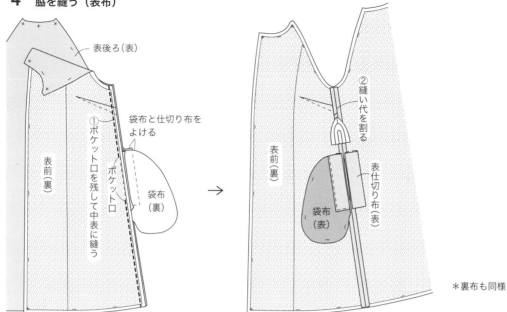

表後ろ（表）

袋布と仕切り布をよける

①ポケット口を残して中表に縫う

ポケット口

表前（裏）

袋布（裏）

②縫い代を割る

表前（裏）

②縫い代を割る

表仕切り布（表）

袋布（表）

＊裏布も同様

5 袖をつける（表布）

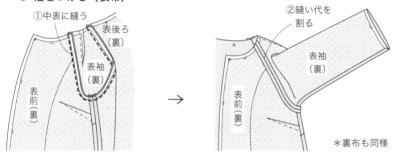

①中表に縫う

表後ろ（裏）

表袖（裏）

表前（裏）

②縫い代を割る

表袖（裏）

表前（裏）

＊裏布も同様

11 前端〜衿ぐり、袖口を縫う

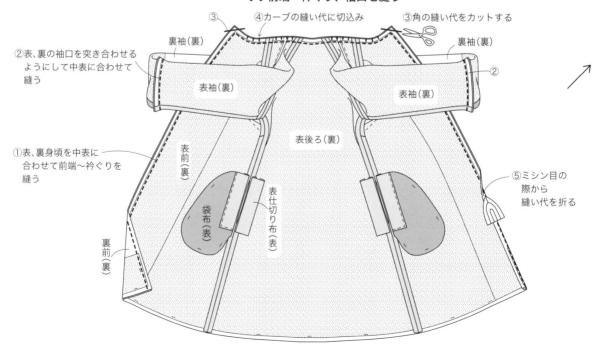

③

④カーブの縫い代に切込み

③角の縫い代をカットする

裏袖（裏）

裏袖（裏）

②表、裏の袖口を突き合わせるようにして中表に合わせて縫う

表袖（裏）

表袖（裏）

②

表後ろ（裏）

①表、裏身頃を中表に合わせて前端〜衿ぐりを縫う

表前（裏）

袋布（表）

表仕切り布（表）

⑤ミシン目の際から縫い代を折る

裏前（裏）

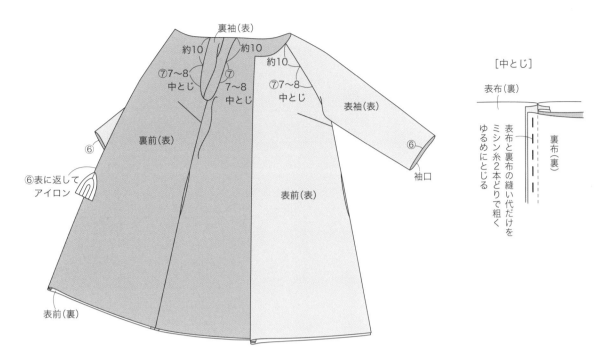

裏袖(表)

約10 約10

約10

⑦7〜8 中とじ

⑦ 7〜8 中とじ

⑦7〜8 中とじ

裏前(表)

表袖(表)

⑥

⑥

⑥表に返して アイロン

表前(表)

袖口

表前(裏)

[中とじ]

表布(裏)

裏布(裏)

表布と裏布の縫い代だけを ミシン糸2本どりで粗く ゆるめにとじる

12 ポケットを仕上げる

裏後ろ(裏)　裏前(表)

脇

表後ろ(表)

裏仕切り布(裏)

0.1

表前(裏)

①仕切り布を 外表に合わせて ステッチ

袋布(表)

表仕切り布(表)

→

裏後ろ(裏)　裏前(表)

仕切り布をはさむ

表後ろ (表)

1

0.7

表前(裏)

ポケット口

②表前と 裏前につけた 袋布を中表に 合わせて縫う

袋布 (裏)

脇

→

裏後ろ(裏)　裏前(裏)

表後ろ (表)

表前(表)

③上下に3〜4回 重ねてとめミシン

ポケット口

内側の袋布

13 裾を縫う

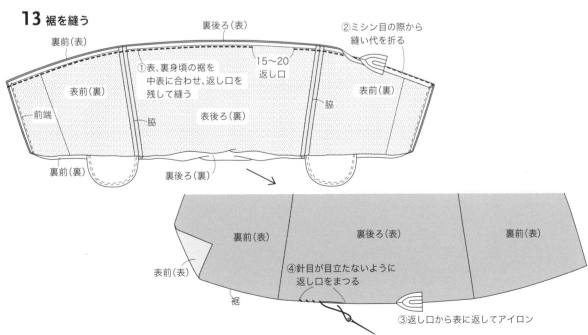

裏後ろ(表)

②ミシン目の際から 縫い代を折る

裏前(表)

表前(裏)

①表、裏身頃の裾を 中表に合わせ、返し口を 残して縫う

15〜20 返し口

脇

表前(裏)

前端

脇

表後ろ(裏)

裏前(裏)

裏後ろ(裏)

裏前(表)

裏後ろ(表)

裏前(表)

表前(表)

裾

④針目が目立たないように 返し口をまつる

③返し口から表に返してアイロン

ボレロ リバーシブル p.38

★出来上り寸法
S … バスト93cm　着丈49cm　袖丈48.2cm
M … バスト97cm　着丈49cm　袖丈48.5cm
L … バスト101cm　着丈49cm　袖丈48.8cm

★パターン（2面）
○前身頃　○後ろ身頃　○袖

★材料
表布：Wild Flowers（ワイルド・フラワーズ／DE）＝108cm幅1m20cm
裏布：コットンスノーツイル＝150cm幅1m
薄手接着芯＝90cm幅60cm

★作り方のポイント
・表布と裏布でリバーシブル仕立てにする。

★準備
・裏前身頃の衿ぐり～前端、裏後ろ身頃の衿ぐり、裏袖の袖口の裏面に接着芯をはる。→裏布裁合せ図

★縫い方順序
1 表布、裏布とも前身頃のダーツを縫う。縫い代は上側に倒す。
2 表布、裏布とも肩を縫う。縫い代は割る。
3 表布、裏布とも袖をつける。→図
4 表布、裏布とも袖下～脇を続けて縫う。→図
5 裾～前端～衿ぐり、袖口を縫う。→図
6 前端～衿ぐりにステッチをかける。→図

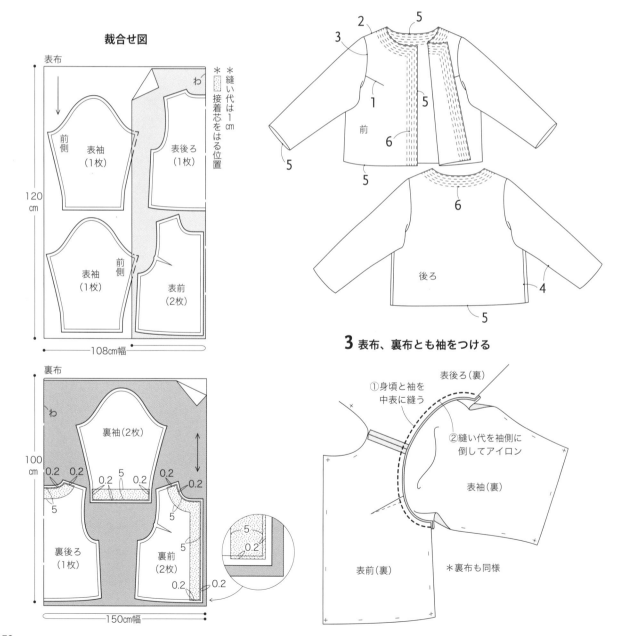

裁合せ図

表布
＊縫い代は1cm
▨接着芯をはる位置

前側　表袖（1枚）　表後ろ（1枚）
表袖（1枚）　前側
表前（2枚）
120cm
108cm幅

裏布
裏袖（2枚）
0.2　0.2　0.2　5　0.2　0.2
5　5　5
裏後ろ（1枚）　裏前（2枚）
5　0.2
0.2　0.2
100cm
150cm幅

縫い方順序
前
後ろ

3 表布、裏布とも袖をつける
①身頃と袖を中表に縫う
②縫い代を袖側に倒してアイロン
表後ろ（裏）
表袖（裏）
表前（裏）
＊裏布も同様

4 表布、裏布とも袖下〜脇を続けて縫う

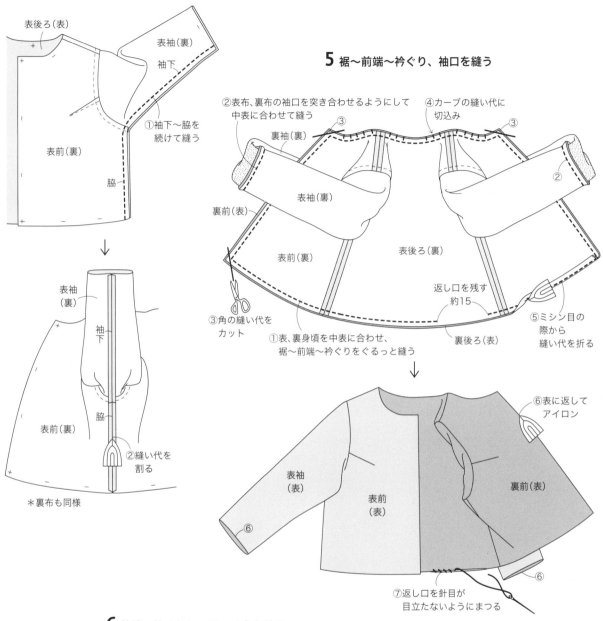

表後ろ(表)
表袖(裏)
袖下
①袖下〜脇を続けて縫う
表前(裏)
脇

↓

表袖(裏)
袖下
脇
②縫い代を割る
表前(裏)

＊裏布も同様

5 裾〜前端〜衿ぐり、袖口を縫う

②表布、裏布の袖口を突き合わせるようにして中表に合わせて縫う
③
裏袖(裏)
④カーブの縫い代に切込み
③
②
表袖(裏)
裏前(表)
表前(裏)
表後ろ(裏)
③角の縫い代をカット
①表、裏身頃を中表に合わせ、裾〜前端〜衿ぐりをぐるっと縫う
返し口を残す約15
裏後ろ(表)
⑤ミシン目の際から縫い代を折る

表袖(表)
表前(表)
裏前(表)
⑥表に返してアイロン
⑥
⑥
⑦返し口を針目が目立たないようにまつる

6 前端〜衿ぐりにステッチをかける

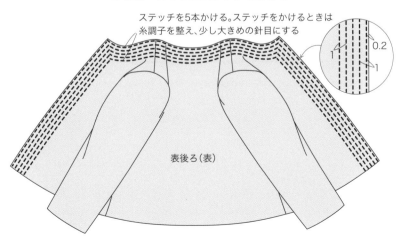

ステッチを5本かける。ステッチをかけるときは糸調子を整え、少し大きめの針目にする

1　0.2　1

表後ろ(表)

阿部真理 あべまり

文化服装学院卒業後、
ファッションデザイナーとして企業に勤務するかたわら、
自社ブランド「マ・レルラ」設立。
雑誌や衣装などのデザイン活動を経て、
群馬県前橋市郊外に現在のアトリエ兼ショップを開く。
一年に数回、全国のギャラリーや百貨店で個展を開催。
またアトリエではワークショップを定期的に開き、
作る喜びを広く発信し人気となっている。
マ・レルラ(ma・rerura)　tel. 027-226-6886
https://www.marerura.com/

18ページ "同じパーツ、8枚で作ったスカート"
32ページ "パッチワークティアードスカート"の
リバティプリントをキットにしてお分けします。
詳しくは「マ・レルラ」のホームページをご覧ください。

ブックデザイン　縄田智子　L'espace
撮影　三木麻奈
スタイリング　chizu

作品製作　星野久美子　天笠恵子　真庭美枝子

作り方編集　百目鬼尚子
デジタルトレース　伊坂桃子
パターングレーディング　上野和博
パターン配置　近藤博子
校閲　向井雅子
編集　宮﨑由紀子
　　　大沢洋子(文化出版局)

リバティプリント提供
リバティジャパン
tel. 03-6412-8320
https://www.liberty-japan.co.jp/

撮影協力
◆オートモード平田
tel.03-3406-3681
https://www.hiratatelier.com/
p.16 p.20 p.27 p.37 p.38(帽子)

◆nooy
tel.03-6231-0933
https://www.nooy.jp/
p.15(スカート)、p.24(ワンピース)、p.28(ワンピース)

リバティプリント
LIBERTY PRINT
新しいクチュール

2021年11月8日　第1刷発行

著　者　阿部真理
発行者　濱田勝宏
発行所　学校法人文化学園　文化出版局
　　　　〒151-8524　東京都渋谷区代々木3-22-1
　　　　tel.03-3299-2489(編集)　tel.03-3299-2540(営業)
印刷・製本所　株式会社文化カラー印刷

文化出版局のホームページhttp://books.bunka.ac.jp/

9784579117642

1925077018002

ISBN978-4-579-11764-2

C5077 ¥1800E

定価：本体1,800円（税別）